幽默 Humour
you mo

[英]特里·伊格尔顿 著

吴文权 译

中央编译出版社
CCTP Central Compilation & Translation Press

献给特雷弗·格里菲斯

目　录

前　言

　　许多研究幽默之作，一上来便愧然坦陈：剖析一则笑话就等于杀死它。其实不然。若想引人发笑，却边讲笑话边透底，固非明智之举；恰如人所言，有几位美国总统无法边走路边嚼口香糖，实乃愚蠢所致。[1]可话又说回来，一面讲俏皮话，一面大谈其原理，这样的喜剧演员实不多见。凡有此举者，俱乐部和剧院里难觅其踪，职业介绍所里却常可遇见。（当然亦有例外，譬如那位才情卓绝的喜剧家斯图亚特·李[2]，一边演出，一边把观众的反应拆开了讲，就此解构了自个儿的喜剧表演。）话虽如此，幽默与解析幽默颇可并行不悖。深谙笑话的关窍，未必会毁了笑话，就如洞悉诗歌的底细，并不会糟蹋了诗歌。在这里，一如在其他地方，理论与实践各自为政，互不相扰。了解大肠的生理结构，并不妨碍享受美餐。妇科医生能够拥有完美的性爱，而

1　此处的"无法边走路边嚼口香糖"（"unable to walk and chew gum simultaneously"），据说出自美国总统林登·约翰逊对后来成为总统的福特的讽刺，说他"太蠢了，没法一边放屁一边嚼口香糖"（"Jerry Ford is so dumb he can't fart and chew gum simultaneously"）。媒体觉得此言粗俗，故改成前者。（本书除特别说明外，均为译注。）
2　斯图亚特·李（Stewart Lee, 1968—　）：英国编剧、导演、喜剧演员。

产科医师亦能对新生儿柔声低语。天文学家日复一日面对地球在宇宙中无足轻重的地位，却不会因而绝望地酗酒或跳崖，即便那么做了，也是另有原因。

图书馆的书架上，定有不少研究幽默的专著，枯燥得令人咂舌。其中一些大量充斥着形形色色的图表、统计数据与实验报告。[1] 有三位乏味的研究者甚至怀疑，笑话是否真的存在。不过，也有令人眼前一亮的研究，本书就大量借鉴了这些成果。只要秉持对知识的谦虚态度，幽默理论便如一夫多妻论与偏执理论，颇有可资借鉴之处。一如任何富有成效的假设，幽默理论需要承认自己的局限性。总会有异常的案例、无解的谜团、尴尬的结果、棘手的暗示，不一而足。理论或许充满了矛盾，却依旧能产生成果，就像模糊的照片，总比根本没有照片强，也像一份有意义的工作，即使做不好，也值得去做。那位无与伦比的威廉·哈兹里特[2]，曾经引用他视为同道的作家伊萨克·巴罗[3]的见解，认为幽默"涵盖甚广、形式多样"，任何定义都无法穷尽这一现象：

> 有时，幽默就栖身于一个狡黠的问题中，一个聪颖的回答中，一个奇特的理辩中，一个高明

1　此类所谓"科学"研究，请见伊芙托尔·阿塔多（Ivatore Attardo）：《幽默的语言学理论》（Berlin and New York, NY, 1994），维克多·拉斯金（Victor Raskin）：《幽默研究基础读本》（Berlin and New York, NY, 2008），等等。——原注

2　威廉·哈兹里特（William Hazlitt, 1778—1830）：英国著名作家，以人文主义散文著称。

3　伊萨克·巴罗（Isaac Barrow, 1630—1677）：英国著名古典学者、神学家、数学家。

的暗示中；幽默在狡猾的指桑骂槐中，也在聪明的含沙射影中；有时，它蛰伏在长篇大论的演说中，在尖酸刻薄的反讽中，在强劲有力的夸辞中，在令人震惊的隐喻中，在矛盾修辞看似可信的调和中，抑或是在颠三倒四的胡言乱语中……模仿的表情或手势算是幽默；幽默有时来自伪装的单纯，有时来自自以为是的率直；有时，幽默只不过是幸运地撞到了奇特之事；有时，幽默来自对明摆之事的高明歪曲；人们常不解幽默藏于何处，也道不明它如何发生……简言之，它是一种非同寻常的言说方式……借助不落俗套、令人惊诧的修辞或表达，冲击或逗弄着我们的想象力，展现出某种奇景，散发着某种欢愉。[1]

若有理论家试图将所有这些都塞进一个简单的公式里，他可算是鲁莽之至。可即便如此，幽默与诗歌一样，不仅仅是个谜。关于我们为何发笑，提出能够自圆其说、相对令人信服的观点，不是没有可能。至于在本书中，我是否做到了这点，就留给读者评说吧。

特里·伊格尔顿
2017 年

1　威廉·哈兹里特：《风趣与幽默》（*On Wit and Humour*），选自《关于英国幽默作家的讲座》（*Lectures on the English Comic Writers*, London and New York, NY, 1963），第 26 页。——原注

第一章　论笑

> 我说要去演喜剧，人家听了都笑。不过你瞧，
> 现如今他们可笑不出来了。
>
> ——鲍勃·孟克豪斯[1]

　　笑无时不在，无处不在，种类繁多，不一而足。
塞缪尔·约翰逊[2]在《定义喜剧之困难》一文中称，人
类智慧虽千差万别，笑却总是大同小异；然而，此论
颇值得怀疑。关于出声的笑，语言表达异常丰富：咯
咯地笑、嘎嘎地笑、哧哧地笑、轻声地笑、尖利地笑、
暗暗地笑、愤怒地笑、放肆地笑、痉挛地笑、朗声而
笑、粗声狂笑、纵情大笑、捂嘴偷笑、咆哮地笑、嗤
嗤地笑、狂野地笑、放肆地笑、轻蔑地笑、傻傻地笑、
哭闹地笑、刺耳地笑，凡此种种。笑起时，或狂暴而
至、席卷而来，如狂飙，如罡风；或柔若涟漪，或急
如湍流；或高声鸣响，声若号角，或细如涓流，旋转

1　鲍勃·孟克豪斯（Bob Monkhouse，1928—　）：英国著名喜剧演员、作家，电视
人，驰骋银屏五十余载，对英国娱乐电视业影响甚巨。
2　塞缪尔·约翰逊（Samuel Johnson，1709—1784）：英国文学大家，以散文、诗歌
名于世，其所编纂的《词典》对英国文学发展影响深远。

萦绕，或穿云破空，啸啸作响。论到微笑，也是品类繁多：粲然而笑、得意而笑；咧着嘴笑、觍着脸笑；讥笑、傻笑。微笑触动视觉，笑声触及听觉，不过，T. S. 艾略特在《荒原》中曾用一行诗将二者融于一体："浅笑在耳畔回荡。"[1]

嘎嘎地笑、捂嘴偷笑等说法，意指笑的不同形式，涵盖诸如音量、声调、音高、速度、力量、节奏、音色、时长等性质。此外，笑也能传达一系列情感态度：欢乐、讥讽、狡诈、喧嚣、温煦、邪恶、嘲弄、鄙夷、焦虑、释然、冷嘲、会心、得意、淫邪、质疑、尴尬、癫狂、同情、轻佻、震惊、好斗、讽刺，更遑论不含丝毫愉悦、纯以"社交"为目的的笑。[2] 诚然，上述所列之笑的形式，多与幽默关系甚微，或是毫不相干。虽然兴奋时，目之所见会显得趣味盎然，但出声的笑更多源自情绪高昂，而不是忍俊不禁。笑的形式与情感态度可以衍生出多种组合，因此，窃笑可出于紧张，也可出于轻蔑；尖声大笑可出于善意，也可出于挑衅；咯咯笑或是出于惊诧，或是出于愉悦；嘎嘎笑或是出于赞赏，或是出于讥讽；凡此种种，不一而足。

如此便生出一个悖论来：虽然笑本身纯粹是能指问题，仅有声音，没有意义，但社会生活却将其彻彻

1　原文是 "But at my back in a cold blast I hear/the rattle of bones, and chuckle spread/from ear to ear"。该诗句出自 T. S. 艾略特《荒原》第三节《火诫》。

2　相当奇怪的是，罗纳德·德·骚萨（Ronald de Sousa）在其《情感之理性》（*The Rationality of Emotions*, Cambridge, MA, 1987）第 276 页中，认为癫狂的笑根本算不上是笑。——原注

底底编了码。它是自然发生的身体行为（至少多数情况下如此），却带上了特定的社会意义，就此栖身于自然与文化之间。笑一如舞蹈，均为身体语言（笛卡尔称之为"含混不清的爆炸性呼号"），[1] 但身体亦深陷更为概念化的意义当中。即便如此，在那个曲高和寡的领域，它绝不会百分之百地安生自在，总会多出些粗粝的物质性，突出于意义之上。也正因如此，我们才得以尽情享受幽默。笑也鼓励我们坦然接受身体与意义间的失谐。特别是闹剧，往往能将身体与头脑间这宿命的冲突，生动地展现出来。

笑纯是发声，除其自身，不做任何表达，因而它不具备内在意义，一如动物的叫声。可尽管如此，它却充分承载了文化意绪。在这点上，它与音乐沾亲带故。笑不仅缺少内在意义，当其最为恣肆癫狂时，也会将意义解体，正如身体将话语撕成碎片，本我将自我抛入暂时的混乱。就像悲恸、剧痛、极度的恐惧或无端的愤怒，喧嚣之至的笑声意味着身体失去自控，那一刻它挣脱缰绳，使人退回身体缺乏协调性的婴儿状态。说到底，它就是一种身体失衡。下文中我们将看到，失当的笑为何常遭人诟病，认为它具有政治危险性，上述即原因之一。笑包含着令人不安的动物性，其重要原因在于，笑声如呵呵声、嘶吼声、咯咯声、嘶鸣声、咆哮声，令人意识到我们与动物的类同性，

---

1 马修·贝维斯（Matthew Bevis）：《牛津通识系列：喜剧》（*Comedy: A Very Short Introduction*，Oxford，2013），第 19 页。——原注

这点颇具反讽意味：动物自己并不会笑，或者至少不会笑得这么明显。[1] 在此意义上，笑兼具动物性与显著的人性：模仿兽类的叫声，而自身又不具兽性。当然，笑是无处不在、司空见惯的人类乐趣。在《笑忘录》中，米兰·昆德拉援引法国女权主义者安妮·莱克勒克[2]的观点："无拘无束的笑声爆发出来，反复回旋，激荡冲突，这是肉体欢愉的笑声，是笑的肉体欢愉，去笑就是去恣意地生活。"

如此看来，笑确有所指，但它也将指意分解成纯粹的声音、痉挛、节奏与呼吸。一个人笑得倒地抽搐、不能自已时，很难说出头脸齐整的句子来。在众多笑话中，连贯的意义断裂了，这体现在笑本身的解构性质上。这一暂时的意义混乱，最为明显地表现在各式荒谬、滑稽、无意义、超现实当中。然而，若说它是一切成功喜剧不可或缺的特质，似乎还值得商榷。一方面，笑体现了符号王国暂时的崩塌或分裂，而在这个王国中，意义本是有序而明晰的；另一方面，笑从未脱离对这个王国的依赖。除非只是给人挠了痒，或为了化解抑郁，抑或暗示同伴有他／她陪伴甚为快乐，我们的笑总会指向某些事物、事件、言谈、情境。因

---

1 虽然罗伯特·R. 普洛文（Robert R. Provine）声称，某些灵长类会发出与笑类似的声音。见其所著《笑：一项科学研究》（*Laughter: A Scientific Investigation*，London，2000）第 5 章。查尔斯·达尔文也相信，猴子被搔痒时会咯咯笑。见其所著《人与动物的情感表达》（*The Expression of the Emotions in Man and Animals*，London，1979），第 164 页。——原注

2 安妮·莱克勒克（Annie Leclerc，1940—2006）：法国女权主义作家与社会活动家、哲学家，二十世纪七十年代起，以激进女权思想著称。

此，探讨笑这一现象需要使用概念，这也是为什么某些评论者声称，缺乏语言能力的动物不会笑。笑是一种言语，自身体的力比多深处腾跃而出。然而，它也有认知的维度。一如愤怒或嫉妒，笑也涉及信念与假设。后文中我们会看到，实际上，某些形式的幽默首先涉及智性，比如说风趣。滑稽剧也许会将人类行为转化为纯粹的身体动作，可即便如此，这些动作也依赖于意义世界。婴儿几乎一出生便懂得微笑，可要笑出声，得等到三四个月大；这或许是因为出声的笑需要大脑的参与。

诚然，笑能够自内积蓄一股难以驾驭的力量，于是，刚笑没多久，我们便会忘记起初为何发笑，抑或觉得自己是为了笑而笑。这就是米兰·昆德拉再次援引安妮·莱克勒克时所说的"笑是如此好笑，它引人发笑"。[1] 还有一种笑具备感染力。我们发笑只是因为他人在笑，并不需要知道人家觉得什么如此好笑。你笑了一场，却并不能确定笑自何来，就像是某些疾病，不知是在哪儿惹上的。然而，总的来说，笑改变了头脑与身体的关系，却并未将这一关系彻底悬置。

有一个事实值得关注：以上所言大多也可用来讨论哭泣。[2] 詹姆斯·乔伊斯在《芬尼根守灵夜》中提到"笑泪"，而他的同胞塞缪尔·贝克特在《莫洛伊》中

1　米兰·昆德拉：《笑忘录》（*The Book of Laughter and Forgetting*，London，1996），第 79 页。——原注

2　参见赫尔穆特·普莱斯纳（Helmuth Plessner）：《笑与哭：人类行为极限研究》（*Laughing and Crying: A Study of the Limits of Human Behaviour*，Evanston，IL，1970）。——原注

写到一个女人，她的小狗刚死掉，"我觉得她就要哭了，理该如此嘛，可相反地，她却笑了。也许这在她就是哭。或许是我搞错了，她真是在哭鼻子，只是听上去像笑。泪与笑，在我看来十足是盖尔人[1]的风格。"实际上，笑与哭并不总是易于区分。查尔斯·达尔文在其情感研究中指出，笑容易被误解为悲恸，因为在这两种情况下，泪水都会汹涌而至。在《裸猿》一书中，人类学家戴斯蒙德·莫里斯[2]论到，笑确乎自哭进化而来。简言之，笑并非一开始就是在笑可笑之事。在中国、非洲、西伯利亚等国家和地区，笑曾是致命的传染病，据称会歇斯底里地突然爆发，致使成千上万的人死于非命。1962 年，在当时的坦噶尼喀省[3]爆发了类似的案例，整个学区接连数月处于瘫痪状态。因为失控绝不会令人深感快慰，所以笑轻易便会惹人不悦。在其《词典》中，塞缪尔·约翰逊将笑定义为"突如其来、无法控制的快活"，但这种体验并不总是愉快的。这与被人搔痒有共通之处：快感与难耐奇妙地混合着。就像观看一部恐怖片，欣喜、不安、激动、不适的感觉会同时降临。猴子龇牙咧嘴，看似微笑，实则是发出警告。托马斯·霍布斯在《利维坦》中将笑写成做鬼脸。那些尖声大笑的人，大口喘着粗气，偶尔会突发心脏病，沦为我们的谈资。劳伦斯·斯特

1　盖尔人，公元五世纪自爱尔兰进入苏格兰，如今指苏格兰与爱尔兰人。
2　戴斯蒙德·莫里斯：英国著名动物学家和人类行为学家，1928 年出生，其行为学专著有《裸猿》（*The Naked Ape*）等。
3　坦噶尼喀省（Tanganyika）是刚果民主共和国东南部一个省份。

恩所著《项狄传》中的叙述者满嘴跑火车，居然告诉读者，有次他笑得太狠，一根血管爆了，两个钟头便流掉四品脱的血。小说家安东尼·特罗洛普[1]阅读一本喜剧小说时笑得中了风，这番遭遇他自己的读者倒未必会有幸经历。[2]尽管笑有着潜在的灾难性，它也能显示出人类的进步：只有当一种动物学会用手拿、而不是用嘴叼物体时，才可以腾出嘴来发出轻笑或窃笑。

创立笑或微笑的符号学不无可能。那样的话，便可以在复杂的指意系统中，标示出笑的每个类型或者面部表情的每个样式的具体位置。简言之，可将笑视作文本，或拥有多种地方话的语言。例如，英国上层男士笑得更加刺耳，而中产女士笑得更为清脆。伯利兹人有一种笑，在伦敦上流住宅区难得耳闻。将军们不大会咯咯乱笑，教皇亦不会嘎嘎傻笑。扮作圣诞老人的也许会粲然微笑，但偷偷窃笑就不大合宜。不大能想象施瓦辛格忸怩作笑，可他奸笑的画面很容易浮现脑海。世界银行总裁可以开怀大笑，却不便笑得歇斯底里。

就笑的样式与性质做出评判的能力，属于亚里士多德所谓的"实践智慧"（phronesis），意为实践性社会知识，比如明白幽默何时恰当、何时不当。例如，

1　安东尼·特罗洛普（Anthony Trollope, 1815—1882）：英国作家，代表作品为《巴彻斯特养老院》和《巴彻斯特大教堂》。

2　我要感谢理查德·波士顿（Richard Boston）所著《笑的分析》（*Anatomy of Laughter*, London, 1974）一书为我提供了上述某些信息。若要了解一系列对喜剧具有洞察力的观点，请参考霍华德·雅各布森（Howard Jacobson）之《有趣至极》（*Seriously Funny*, London, 1997）。——原注

对一个在大教堂里做祈祷的老修女，最好别讲这个笑话："黑白相间躺在阴沟里的是什么？——死修女。"我的一个孩子五岁时就犯过这个错。下面是另一例不当的幽默：

> 医生：是这样，我有好消息，也有坏消息。
> 患者：先说坏消息吧。
> 医生：坏消息嘛，是你只有三个月了。
> 患者：那好消息呢？
> 医生：好消息是，我马上要和一位绝世美女共赴摩纳哥度假。

这位医生的玩笑太过残忍，或者说太不得体，简直骇人听闻；他应有的行为与实际的行为形成巨大反差，因此，这则笑话令人忍俊不禁；我们心中些许施虐的快感，又为二者间的张力平添了趣味，只是可怜了那个背运的病人。对这位恣意妄为的医生，我们有的是感激：他公然无视人类同情与职业操守，而我们，借助他的行为，释放了内心离经叛道的渴望，摆脱了责任那令人厌烦的束缚。一时间，同情心放下了对良知的重压，不再为难我们。对他人的窘境幸灾乐祸，令我们心存愧疚，而此类黑色幽默，却能将那窘境以笑话的形式传播开去，与友人分享，这样，人们便能够心安理得地接受它，我们的愧疚感也随之缓解。

面对死亡朗声大笑，也能收获快乐，从而看淡生死。打趣死亡，就是将其切成小块儿，减弱它令人生畏的影响；下面这位医生就开了个这样的玩笑：

患者：我还能活多久？
医生：十。
患者：十什么十呀？十年，十个月，还是十天？
医生：不，不：十、九、八、七……

以虚构形式对抗一己之死，意味着自我能够暂时达到超越自身的状态，短暂地品尝到永生的滋味。这让人想到伍迪·艾伦的祖父；他的孙子动情地回忆到，老人在弥留之际，将一块手表卖给了他，借此象征性地战胜了死亡。人终有一死，难免病痛，而笑呢，多少给我们一些安慰。尼采说得不错，人之所以是唯一会笑的动物，就因为他遭到骇人的折磨，迫切需要发明此等安慰剂，以应对痛楚与煎熬。而绞架笑话与坟地笑话则不仅是对死亡的拒斥。轻描淡写地打趣死亡，是为了发泄胸中的恶气——谁让它搅得人心神不宁！

还有一个问题，就是我们无意识中对所惧之事的渴望。弗洛伊德谈到死欲，也就是死亡冲动，摧毁了意义与价值，因此与我们熟知的幽默，即瞬间的意义错乱密切相关。这种狄俄尼索斯式的力量与幽默如出一辙，它扭曲意义，搅乱等级，混同身份，抹平差别，为意义的坍塌而狂欢，而这一切狂欢节都做到了，因此它从未远离墓地（即死亡）。狂欢节将一切社会差异从根基处抹杀，强调万物绝对平等；然而，此等做法煞是危险，再跨一步，就沦为粪便论，即万物如粪便般毫无差别。若狂欢中人的躯体没有差异，那么在毒气室中也便同样如此。或许可以说，死亡扯平了一切。狄俄尼索斯是醉酒狂欢之神，亦是性爱狂喜之神，但同时还是死亡与毁灭的预言者。他所承诺的欢愉[1]可能是致命的。

回头来看那个医生笑话。它让我们暂时放松下来，不必表现得中规中矩，也不必对他人关怀备至。同时，因为它，我们面对死亡结局时那无从排解的痛苦，也暂时得以缓解。幽默是一种排解；这一观点为影响深远的所谓"宣泄论"奠定了基础。十七世纪哲学家沙夫茨伯里伯爵[2]认为，于天生自由不羁却饱受世俗羁绊之灵魂，喜剧不啻为一种宣泄；康德在《判断力批判》中，将笑视作"高企的盼望瞬间化为乌有时产生的效果"，[3]将宣泄论与失谐概念结合起来。维多利亚时代哲学家赫伯特·斯宾塞[4]也沿用此法，称"烦人的焦躁

1　此处原文用的是"jouissance"，意为"身体与精神的欢愉或狂喜"。

2　沙夫茨伯里伯爵（Anthony Ashley Cooper, 3rd Earl of Shaftesbury, 1671—1713）：英国哲学家，对十八世纪英法德思想影响深远。

3　康德（Immanuel Kant）：《判断力批判》（Critique of Judgment, Cambridge, 2002），第209页。——原注

4　赫伯特·斯宾塞（Herbert Spencer, 1820—1903）：英国哲学家与社会学家，是维多利亚时代知识界的重要人物。

后，愉悦的心情涌上心头，带来欢声笑语"[1]。

在《笑话及其与无意识的关系》中，弗洛伊德坚定地认为，笑话代表心理能量的释放，而人们通常用此能量维持某些基本的社会性压抑。[2] 为了舒缓来自超我的压抑，我们减轻了该压抑所要求的无意识压迫，将节省的能量转而用于玩笑，以及出声的笑。可以说，这是笑的经济学。如此看来，笑话便是扇超我一记不恭的耳光。这般俄狄浦斯式的遭遇战[3]令我们兴奋不已，可良知与理性也是我们尊崇的人性特征，由此便在责任感与放纵之间产生出张力来。黑格尔在其《美学》中指出，无法遏制的感性冲动与高尚的责任感之间的冲突，造就了荒谬可笑之事。此冲突反映在喧闹的笑声中；此前已经说过，这等笑声可以令人警觉，也可以令人愉悦。也许，想到能把父亲（即权威）拉下宝座，大多数笑话就不由得引起尴尬的轻笑声。害怕因如此的不恭而招致惩戒，目睹父权跌下宝座的欣喜便免不了伴有内疚的尬笑，继而促使我们越发轻笑出声，借以对抗内心的不安。我们笑得紧张，是因为这种越轨的欢乐令我们既提心吊胆，又乐在其中。正因如此，我们一边畏畏缩缩，一边掩口窃笑。然而，

1　出自赫伯特·斯宾塞《笑的生理学》(*The Physiology of Laughter*)，收于由查尔斯·W. 艾略特作序的《关于教育及相关话题的随笔》(*Essays on Education and Kindred Subjects*, London, 1911)，第 120 页。该书出版不久后，J.C. 格里高利 (J. C. Gregory) 的《笑的本质》(*The Nature of Laughter*, London, 1924) 也为宣泄论大声疾呼。——原注

2　弗洛伊德 (Sigmund Freud)：《笑话及其与无意识的关系》(*Jokes and Their Relation to the Unconscious*, London, 1991)，第 167 页。——原注

3　俄狄浦斯无意识中隐藏的弑父娶母冲动在饱受打击与压抑后，在与父亲的遭遇战中，将代表超我的父亲杀死，压抑得以释放。

负罪感给快乐糅入某种别样的趣味。尽管如此，我们也清楚，这纯粹是临时的胜利，是纸上的胜利，毕竟笑话只是一段话而已。因而，我们大可肆意攻击偶像，同时放下内心的罪责感，因为我们百分之百地相信，这么一次小叛乱不可能将父亲（一个终归令我们爱恨交加的人物）永久地废黜。丢掉王位，尊严扫地，不过是暂时的。狂欢夜亦复如此，像一场空幻的革命，快活后的第二天，太阳照常升起，照见一千个空空的酒瓶、啃过的鸡腿、失却的贞操，日常生活回到正轨，人们感到一种说不清道不明的释然，或者，来看看舞台喜剧。观众从不怀疑，台上人物欢天喜地地撕碎的秩序，终将得以恢复，甚至就因为这一短暂的颠覆企图，会进一步得到加强。于是，在观众的内心，无政府主义的快感与一丝矜持的自诩混杂一处。就像本·琼生[1]的《炼金术士》、奥斯丁的《曼斯菲尔德庄园》与苏斯博士的《帽子里的猫》，在父母角色缺席的时候，我们会无法无天、大闹天宫，可听说他或她也许一去不返，便会伤心欲绝。

弗洛伊德指出，在较为温和的笑话中，受压抑的冲动得以释放，幽默油然而生；在粗俗或侮辱性笑话中，幽默源自压抑本身的缓解。渎神的笑话也让我们身上的禁忌得以松解，比如教皇与克林顿死于同一

1　本·琼生（Ben Johnson，1573—1637）：英国抒情诗人与剧作家。其诗浑然而不加雕饰，富有音乐美。本·琼生也是文艺复兴时期的戏剧名家。他的剧本《伏尔蓬》与《炼金术士》，将讽刺喜剧推向一个新的高度，对莎士比亚及后来的剧作家有很大影响。

天那个笑话。由于官僚主义错误，克林顿被送上天堂，而教皇被罚下地狱。不过，这个错误迅速得到纠正。二人上下交错之时，得以相交一语。教皇说迫不及待要见到圣母玛利亚，而克林顿跟他说，他晚了十分钟。

在弗洛伊德看来，笑话的那些有趣的形式（文字游戏、胡言乱语、荒唐联想，等等）或许一时间使超我放松警惕，令无政府主义的本我得到机会，将遭禁的情感推到明处。弗洛伊德将笑话的语言形式称作"前乐"[1]，它放宽了禁忌，让人松弛下来，以此来劝诱我们，去接受笑话的性与攻击性内容；换作他法，或许很难说动我们。在此意义上，笑击败了压抑；然而，我们之所以感到趣味盎然，是因为冲破禁忌的举动，本身就等于承认了禁忌的力量。因此，如桑多·费伦齐[2]所言，一个道德完美的个体不会比一个恶贯满盈的个体更爱笑。前者原就不会隐藏见不得人的情感，而后者不会承认禁忌的力量，所以在打破禁忌时，也不会倍感兴奋。[3]正如弗洛伊德所言，我们觉得自己道德高尚，其实未必；我们认为自己道德低下，其实也未必。一如神经官能症的症状，宣泄论语境中的笑话也是妥协的产物，融合了压抑行为与受阻的本能。

1　原文是"forepleasure"，似乎是模仿"foreplay"（前戏）而杜撰的，可见弗洛伊德心理分析与性的关系。

2　桑多·费伦齐（Sándor Ferenczi, 1873—1933）：匈牙利精神分析学家，对精神分析理论做出了重要贡献，也对各种精神治疗技术进行了实验研究。

3　桑多·费伦齐：《对精神分析问题与方法的最后贡献》（*Final Contributions to the Problems and Methods of Psychoanalysis*, London, 1955），第180页。——原注

所以，弗洛伊德眼中的笑话，是个两面三刀的恶棍，同时侍奉两个主人。它对超我的权威卑躬屈膝，同时也不遗余力地促进本我的利益。在俏皮话引起的小暴乱中，我们获得了造反的快感，同时又矢口否认，因为那终究只是个笑话。在《第十二夜》中，奥利维亚指出，为世所容的愚人是无害的。与之相反，嘲弄习俗的专业丑角虽似有害，却纯粹是个传统角色。的确，他的不恭之言也许反而巩固了社会伦常，因为这言论令世人看到，社会伦常具有何等惊人的弹性，能笑对任何嘲弄挖苦而屹立不倒。最为持久的社会秩序是最为自信的，不但能容忍偏常，也能积极主动加以鼓励。

大量幽默涉及弗洛伊德所谓的反崇高[1]。当某种崇高的理想或高贵的第二自我被粗暴地戳穿，投入其中的能量便释放出来。维持此类理想需要一定程度的紧张感，因此，放弃维持便会令人如释重负。此时，受人尊敬的道德外表无须继续维持，人便可以毫无顾忌，变得粗鄙不堪、玩世不恭、自私自利、迟钝愚笨、侮慢无礼、道德冷漠、情感麻木、恣意放纵，并对此甘之如饴。不过，人们亦可以开心地从意义创造的急迫感中解脱出来。弗洛伊德称此急迫感为"逻辑强迫症"，即将不受欢迎的限制强加给自由不羁的无意识。因此就可以理解，为何在一个具有无限可能性的世界

---

1 原文是 "desublimation"。

里，我们钟情于超现实与荒诞的事物，比如 BBC 电台有一期《愚人秀》[1]就曾说，"二战"期间，有一部巧妙的仪器，将与英伦三岛等大的纸板模型浮于海面之上，令其漂离开去，以迷惑德国轰炸机。十九世纪哲学家亚历山大·贝恩[2]曾谈到"生活中众多的清规戒律，迫使人们摆出别扭刻板的姿势"[3]，作为维多利亚时代的人，他尤其会注意到这些限制；幽默能让我们暂时摆脱的，也正是这种古板的世界观。日常生活中，为了维持脸面，人们虚构话语，比如即便是最普通的朋友，我们亦深切关注其健康与幸福；我们从不曾有片刻想到男女之事；我们对勋伯格的晚期作品耳熟能详，诸如此类。能够暂时摘下面具，与人性的弱点建立喜剧同盟，令人深感快意。亚历山大·贝恩进一步将宣泄论与优越论相结合（关于这个论题，我们后文详述）。目睹高高在上之人被拉下神坛，我们欢欣雀跃，因为这种反转令心理紧张得以放松，其原因之一，是如今我们可以居高俯视那些曾令我们畏惧的人。下文中我们将看到，一些理论家如何从这个切入点将不同的理论融合起来。

　　桑多·费伦齐本着同样的认识指出，保持不苟言笑成功地压制了自我。[4]通常所谓意义，实为"高大上"

1　《愚人秀》(*The Goon Show*)：英国 BBC1951—1960 年播出的一档广播喜剧节目。
2　亚历山大·贝恩（Alexander Bain, 1818—1903）：苏格兰哲学家，以研究大脑过程的著作，推动了心理学的发展，对苏格兰教育亦有贡献。
3　亚历山大·贝恩：《情感与意志》(*The Emotions and the Will, 3rd edition*, New York, NY, 1876)，第 262 页。——原注
4　桑多·费伦齐：《对精神分析问题与方法的最后贡献》，第 180 页。——原注

的一种表现，造成轻度的压力，而开玩笑便是度一个释放压力的短假。社会现实的构建大费周章，需要不懈的努力，而幽默令人们的头脑得以放松。似乎在人们的理性官能之下，暗伏着一个黑暗、凌乱、玩世不恭的潜文本，与惯常的社会行为如影随形，间或以疯癫、违法、色情幻想或机智调侃的形式爆发出来。潜文本大多以哥特小说等文学形式侵入日常世界。这也让人想到蒙提·派森[1]的一个小品：一个店家正赔着笑脸伺候一位顾客，却突然间爆出一连串污言秽语，可一转眼，又恢复了平时谦恭的自我。另一方面，有的幽默出自压抑，而非对压抑的反抗。比如那些健康、干净、友好的玩笑。男童子军的恶作剧与通常男性间的捉弄行为充满攻击性和焦虑感，为的是回避细腻情感与复杂心理，因为后者对他们那个抢起毛巾互抽、密林中赤身敲鼓的世界构成了威胁。

亚历山大·贝恩的眼光尚未受弗洛伊德的影响。他觉得，要维持日常现实，压抑就得持续存在。我们仿佛都是地道的演员，扮演着日常社会角色，严格地履行规定详尽的职责。可一旦出错，哪怕只是一点点，我们便会发出婴儿般不负责任的狂笑，笑自己多么荒唐，凭什么装模作样！意义本身就包含一定的心理紧张，它需要摒除从无意识蜂拥而至的种种阐释。若说

1　蒙提·派森（Monty Python）：英国六人喜剧团体，他们创作的英国电视喜剧片《蒙提·派森的飞行马戏团》（*Monty Python and the Flying Circus*），于 1969 年 10 月 5 日在 BBC 上公开播出。其对于喜剧的影响，不亚于披头士乐队对音乐的影响。

粪便在喜剧中扮演着关键角色，那么原因之一是，粪便是无意义的典型，将意义与价值的一切差异拉平，成为永远同质的东西。因此，喜剧与犬儒主义仅一线之隔，令人震惊！视万物为粪便固然意味着摆脱了严格的等级制度，也摆脱了崇高理想的胁迫，获得了可喜可贺的解放，但是，令人不安的是，它离集中营也不远了。若存在某种对人性尊严更为切实的认识，那么幽默便能够以其名义，打击浮华与矫饰。与此同时，幽默也能像伊阿古[1]那样打击价值概念，而这一概念又取决于意义的可能性。

比如说那个工人的故事。他的工作是每隔几分钟压下操纵杆。这活儿他干了许多年，到头来却发现，杆子另一端空空如也，于是大病一场。该故事最令人不安的，是它竟会有些好笑。由于摆脱了意义的负担，这个情节让人哑然失笑，同时其荒诞也令人骇然。这徒劳无功的结果既令听者着迷，又让他们惊惧。再说个故事。心理病院的一群患者决定一同自杀，可手头没有药片或武器，于是一人立于水桶之中，手指伸入插座，其他人紧紧抓住他，其中一人推上电闸。此故事亦有黑色幽默的一面。这些男女有此极端之举，定是痛苦难熬，令人闻之黯然，而对于他们荒谬的处境，听者却强忍揶揄的笑。经过精心设计，死亡显得煞有介事，一时间，它恐怖的力量得以解除，沦为贝克特

---

1 伊阿古：莎士比亚戏剧《奥赛罗》中的挑拨是非之徒，一手策划了奥赛罗的杀妻悲剧与自我灭亡。

式的闹剧，于是，压制"人终有一死"这一事实的能量，便以笑的方式得到释放。上述两例中，幽默残忍地罔顾人的价值，而该价值却一如既往为人所珍视。在那快乐的一刻，人们或许暂时变得没心没肺，却无须承受某些更为可怕的后果。然而，攻击超我若给人以满足，原因之一便是，虽然上述两个故事确有其事，但我们面对的是语言，不是真实。与此同时，弗洛伊德曾在《论幽默》中说，超我也许会同情自我，从而越发使其自恋。也许超我会安慰自我，告诉它其实它坚不可摧，因为世界不过是个笑话，所以没有理由感到焦虑。[1]

可以看到，笑话反抗的是弗洛伊德所谓"现实原则"的暴政，从而赋予我们婴儿式的满足感——我们退回到先前的一种状态，那时，象征秩序的差异性与精确性尚未得到悉心的维护，而我们也能将逻辑、和谐与直线思维抛到脑后。大笑令身体失去协调，这是回归原初无助状态的外在表现。对成人而言，幽默就像孩子的游戏，将他们从现实原则的专制暴政中解放出来，赋予快乐原则以一定的、审慎规范的自由度。婴儿与学步儿童也许并不具备智巧，知道何时该闭口不言，但他们从荒谬与可笑中获得愉悦，发出咿呀的快乐之声，这在日后便发展为诗歌或超现实的幽默；谢默思·希尼称之为"嘴之音乐"。然而，因为并未掌

---

[1] 亚当·菲利普斯（Adam Philips）主编：《企鹅弗洛伊德读本》（*The Penguin Freud Reader*, London, 2006），第 563 页。——原注

握既有规范，所以，对于以偏离规范为基础的喜剧，他们一无所知。当一切如此陌生、令人惊异的时候，不可能将一个场景陌生化以激起笑意。

如果狂欢节使崇高猛地跌落，变为低俗，那么性也表现出类似的顿降，从纯洁变为滑稽，从高贵的精神追求沦为日常感官之乐。毫无疑问，性之所以成为幽默的可靠来源，原因之一是人类行为的这一领域压抑最甚，于是解压便产生相应的快感。因为幽默释放了紧张感，令人愉悦，其体验类似于性高潮，所以即便某种幽默与性无关，也会带有些许性意味。性虽为身体欲望，也涉及符号与价值，因此，它居于肉体与符号的交界之处。性位于浪漫与嬉戏之间，位于意义丰富与意义匮乏之间，本质上就是个模棱两可的现象。性如此奇异，同时又如此平常，毫无新鲜可言，这样的人类行为寥寥无几。几英寸长的肉体，或者胯部几下敷衍了事的前冲，怎会令人这般趋之若鹜？[1] 半人马座阿尔法星上若有位旁观者，定会沉思，为何谁与谁交媾这一问题会引起轩然大波，令男人女人嘶号、哭泣、杀戮？

传统喜剧中，没有什么比婚姻更具中心地位。它完美地统一了身体与符号；两个身体的结合成为心灵

1　"趋之若鹜"原文是 "launch a thousand ships"。在英国戏剧家马洛（Christopher Marlowe）所作《浮士德博士的悲剧》（*The Tragedy of Doctor Faustus*）第十三幕中，浮士德对特洛伊的海伦说："难道就是这张姣容使千帆竞扬／并焚毁了特洛伊那许多无顶塔楼？／甜美的海伦，请用一个吻赋予我永生。"（"Was this the face that launch'd a thousand ships/ And burnt the topless towers of Ilium?/Sweet Helen, make me immortal with a kiss."）

结合的媒介。然而，莎士比亚的《仲夏夜之梦》这类喜剧也提醒我们，此种完美结合缺乏合理的依据，因为毕竟两个人可能向来存在差异，也许就在几场前还格格不入，躯体与灵魂不可能无缝对接。如果说剧中的帕克过于躁动难驯，则那些工匠便太过生硬刻板。《暴风雨》中的爱丽儿与凯列班也具有相似的两极性。人性的核心处有一道裂痕，幸福的结局无法轻易将其弥合。天性与文化在性这点上相遇，可二者的邂逅总不免尴尬。或许正因如此，在某些喜剧的结尾处，总有些执拗而不可消弭的元素，比如说坏脾气的马伏里奥[1]拒绝参与欢庆，为的是提醒我们，这样的结局本质上是虚构的，纯粹是投人所好，在其他情况下，或许只是巧合。

马修·贝维斯写到，人"这种动物认为自身的动物性不是令人厌恶，便是妙趣横生"，还俏皮地说"我们本身就是双簧"。[2]对乔纳森·斯威夫特而言，我们所知的人性，是肉体与精神的矛盾综合体，天生就包含了某种怪诞或顿降的喜剧成分。温德姆·刘易斯[3]评说道："人注定是好笑的，因为他们本身是物，或者说物质肉体，而行为却是活生生的人。"[4]西蒙·克里奇

1　马伏里奥：《第十二夜》中伊利里亚女伯爵奥丽维亚的管家，以扫人兴著称。

2　马修·贝维斯：《牛津通识系列：喜剧》，第 22 及 73 页。——原注

3　温德姆·刘易斯（Wyndham Lewis，1882—1957）：英国作家与艺术家，旋涡派创始人，试图将艺术文学与工业进程关联起来。

4　马修·贝维斯：《牛津通识系列：戏剧》，第 29 页。——原注

利论道："说到底，滑稽的是我们拥有一个躯体。"[1] 更确切些，我们可以这样说，身体与精神的失谐指的是我们既不完全拥有躯体，又不完全是具躯体。简言之，无须讲笑话，我们本就是滑稽的生物；大量的幽默均利用了这一天生的裂隙或自身分裂。乔治·奥威尔说："笑话的目的不是贬低人，而是提醒人他已经被贬低了。"[2] 说到人是语言动物时，这一失谐变得更加严重。因为人能够将自身的动物性客体化，却依旧无法将之割裂，人这个物种的基本构成就包含某种反讽。正如格列佛在斯威夫特小说结尾处表明的那样，彻底否弃动物性存在是疯狂的做法，然而，人若只有一个躯壳，则不过是耶胡[3] 而已。人的构造使我们能够超越肉体局限，此种情形通常称为"创造历史"[4]。如此，我们既属于自己的身体，又能与之保持一定的距离，即便是聪明绝顶的蛞蝓也做不到这一点。

顿降（bathos）意为高贵之事瞬间跌落尘埃，同时涵括了宣泄与失谐；后文中我们将看到，失谐是当下最为流行的幽默理论的核心。将事物理想化需要费心劳神，若能以笑获得放松与宣泄，则令人快慰。当然，顿降法并非获致此种心理释放的唯一途径。于所谓宣

1　西蒙·克里奇利（Simon Critchley）:《论幽默》（*On Humour,* London and New York, NY, 2002），第 62 页。——原注

2　西蒙·克里利奇:《论幽默》，第 91 页。——原注

3　耶胡（Yahoo）是斯威夫特小说《格列佛游记》中慧骃统治的国家里最低等的畜生。它具有人形，然而面目丑恶、浑身脏臭、举止无理、性情凶残。此处译为"耶胡"，是采用了张健先生的译文。

4　原文是"making history"，指人摆脱纯粹的动物性，对其活动产生历史性认知。

泄论而言，任何幽默皆有疏泄效果，比如对崇高的瞬间颠覆，将耗用于严肃事物或压制不堪欲望的能量节约下来，转而用于发笑。即便如此，顿降效果在英国喜剧中尤为突出，特别是因为其对等级制度的强调。英国传奇喜剧家如托尼·汉考克、弗兰基·豪尔德及肯尼斯·威廉姆斯[1]都曾利用猝然而失礼的转折，将中产阶级颇具涵养的语言突变为普通大众直来直去的大白话。这些喜剧演员的身躯，似乎包含了两个争斗的社会阶层，简直就是阶级斗争的活样板。将优雅拉下一两个档次，是司空见惯的英式娱乐，将英国人自我贬低的嗜好与讽刺的冲动结合起来。英式幽默往往围绕阶级文化冲突展开。记得蒙提·派森有一档电视竞赛节目，叫作《总结普鲁斯特》，非常火爆，参赛者要在两分钟内，总结普鲁斯特那部三千多页的小说的情节，不过要先穿晚礼服，后换泳装。

爱尔兰幽默中，顿降亦是核心技法，但究其社会原因，却与英国大为不同。爱尔兰社会文化遗产丰富，以古代艺术、修道院教育、经院主义思想闻名于世。因此，该社会尤其会意识到，一边是渊博的文化，一边是落后的殖民地悲惨的日常生活状态，二者之间，存在着巨大的鸿沟。所以，英裔爱尔兰人斯威夫特所作《格列佛游记》的最后一卷，往返于两极之间，这边是高尚到荒谬的慧骃，那边是生性野蛮、浑

---

1 托尼·汉考克（Tony Hancock）、弗兰基·豪尔德（Frankie Howerd）、肯尼斯·威廉姆斯（Kenneth Williams）皆为英国喜剧演员。

身屎尿的耶胡，没为读者留下哪怕名义上的中间地带以落脚。生于爱尔兰阿尔斯特省的十八世纪哲学家弗朗西斯·哈奇森[1]坚持认为，幽默大多源自失谐的结合，如高尚与亵渎、尊贵与卑贱，赞其为诙谐讽刺剧[2]的精髓。我们姑且认为，他心中所想并非脱衣舞表演，而是滑稽的拙劣模仿。劳伦斯·斯特恩在《项狄传》中将病态般理智的瓦尔特·项狄与其子特里斯特拉姆·项狄对置起来，前者纯是思想，后者唯有肉体。叶芝让疯女人简回击主教，[3]让农民狂欢般的活力回击令人窒息的正统的精神性。詹姆斯·乔伊斯的《尤利西斯》在斯蒂芬·迪达勒斯的深奥冥想与利奥波德·布鲁姆[4]的尘俗反思间，划出了截然的分界线。

在塞缪尔·贝克特的《等待戈多》中，庄严的经院主义传统在我们眼前分崩离析，在波卓[5]的胡言乱语中沦为一堆碎片。弗兰·奥布莱恩[6]的小说将深奥的形而上思索与小酒馆里的陈词滥调对立起来。如今，在爱尔兰，一说"斯基柏林的鹰"就会引发顿降感。斯

1　弗朗西斯·哈奇森（Francis Hutcheson，1694—1745）：十八世纪苏格兰哲学家，其细致入微的著作影响了苏格兰、英格兰、欧洲大陆，甚至是当时北美殖民地的文化与生活。

2　原文是"burlesque"，意为包括脱衣舞在内的滑稽歌舞杂剧表演，所以才有后面的那句话。

3　指叶芝短诗《疯女人简跟主教说》（Crazy Jane Talks with the Bishop），诗中疯女人简在路上遇到一位主教，他试图教育她该如何过纯洁的生活，而她却告诉他，什么是生活的真实。

4　斯蒂芬·迪达勒斯、利奥波德·布鲁姆：乔伊斯《尤利西斯》中的主要人物。

5　波卓：《等待戈多》中的人物，专制而残忍，只关注自我，认为其他人与自己不是一个物种，甚至直言不讳，说自己不属于人类。

6　弗兰·奥布莱恩（Flann O'Brien，1911—1966）：爱尔兰小说家、剧作家、讽刺作家，与乔伊斯、贝克特并称"爱尔兰现代文学三杰"。

基柏林是科克郡一个不起眼的小镇。"一战"结束时，镇上《鹰报》的一则社论严肃地跟读者保证，该报正"密切关注《凡尔赛和约》的动态"。有着苦难历史的小国，其民众见到同侪中有自觉高人一等的，往往会觉得特别搞笑。

然而，顿降有着更深的含义。写到批评家威廉·燕卜荪时，克里斯托弗·诺里斯说，前者在《复杂词汇的结构》中所探究的核心词汇如"雾""狗""诚实"等，皆各尽其力，造就出"一种实在而健康的怀疑态度……令这些词汇的使用者，对人性需求及其相应弱点达成共识，并以此为基础建立对人性的信任"。[1]这里描述的实际上就是喜剧精神。不过，它也指威廉·燕卜荪在别处所说的"牧歌"[2]，即一种看待事物的方式，认为复杂与微妙的东西隐含在平凡的事物之中。他眼中的"牧歌"尤指一种宽厚的凡人智慧，即明白何时不该苛求他人。你要求自己一定要热爱并尊崇真理、美、勇气等高贵的人类价值。然而，如果普通男女无法达到这样的理想高度，你不必过于沮丧，也不必用这些大概念恐吓他们，令他们因自己的弱点而备受煎熬。因此，"牧歌"式的感觉能力便类似于葛兰西所谓的"分

---

1 克里斯托弗·诺里斯（Christopher Norris）:《威廉·燕卜荪与文学批评的哲学》（*William Empson and the Philosophy of Literary Criticism*, London, 1978），第86页。——原注

2 即 Pastoral，是西方传统的文学体裁，往往以程式化的风格为特点，并将阿卡迪亚式的田园生活理想化。威廉·燕卜荪扩大了这一概念的外延，认为它是倒置的手段，将复杂寓于简单之中，如用简朴的人物表达复杂的理念。在威廉·燕卜荪的设计中，"牧歌"与英雄行为相对。

寸感"，即普通人的日常智慧。比起高高在上之人，升斗小民更加谙熟现实物质世界，也便不大可能为天花乱坠的言说所迷惑。威廉·燕卜荪评价道："最精致的欲望包含在最普通的里面，若非如此，它必是虚假无疑。"[1] 这句话不但运用了"牧歌"概念，也颇有弗洛伊德之风。他承认，相较于他人，某些个体更为敏锐易感，但这点并不见得有多重要；说实话，若不祸乱社会，此类差异对社会或有所裨益。但是，与日常人性相比，最诱人的敏锐心智、最耀目的英雄行为、最震撼的道德力量、最惊人的智力展示都显得苍白无力；无论何时要我们做出选择，最佳的总会是前者。因此，顿降不再仅仅是喜剧修辞法，而是成为一种道德观与政治观。

在《笑忘录》中，捷克小说家米兰·昆德拉对比了两种人类存在观，即他所说的天使观与魔鬼观。天使观认为，世界是有序和谐的，意义填满了每一个缝隙。在天使的王国里，万物在形成的瞬间便具有了意义，不允许有一丝含混，令人感到压抑。整个现实清晰易读，却也枯燥乏味。对于重度偏执狂患者，根本不存在随机事件，没什么可以视情况而定。发生的就是必然的，是某个宏大叙事的一部分。在此叙事中，存在的每个特征，都有固定的功能。没有负面的、扭

1　威廉·燕卜荪（William Empson，1906—1984）：《牧歌的若干形式》（*Some Versions of Pastoral*，London，1966），第 114 页。——原注

曲的、不健全的或功能失调的事物；这种乏味的天使观认为，人类正满面春风，高喊着"生命万岁"，大踏步向未来迈进。与此观点相应的，是一种颇具教养的笑，是面对一个齐整有序、意义充沛、构思精妙的世界时，发出的愉快的笑声。米兰·昆德拉生命前几十年所亲历的世界，充斥着苏联式信念，便是这类世界的一例。当代美国意识形态也颇为相似；在美式现实中，受到"你能够成为任何想成为的人"这一观念的影响，人们身不由己，拼命积极向上。这是一个令人鼓舞的世界，没有灾难，只有挑战。昆德拉认为，它所催生的语言，是所谓"没有屎字"的语言，而魔鬼世界的语言则满是屎字。我们已经看到，一个世界若剔除了意义与价值，就只有魔鬼在尽情狂欢。这个世界里，万物皆粪便，难以相互区分。天使观的麻烦在于意义过剩，而魔鬼观深受无意义之苦。

即便如此，魔鬼观亦不乏用途。好比珠母贝里的砂砾、装置中的差错、任何社会秩序中反常而执拗的因素，它对于社会存在的作用，在于打破天使观四平八稳的确定感。这样，它便或多或少与拉康式实在[1]相类同。在魔鬼呵呵的嘲笑声中，自命不凡的天使丢了底气，没了先前的张扬。正如魔鬼在陀思妥耶夫斯基的《卡拉马佐夫兄弟》中所说的那样，魔鬼观带有一

---

1 拉康式实在（Lacanian Real）：在拉康看来，实在（Real）不可能想象，不可能纳入符号维度，任何方式都无法达到它。它处于符号与想象维度之外，无法令其屈从。此处参考了迪伦·埃文斯（Dylan Evans）：《拉康精神分析入门词典》（An Introductory Dictionary of Lacanian Psychoanalysis，Routledge，1996）。

种任性而执拗的元素，防止世界因自身令人窒息的乏味而不堪重负，倒塌崩毁。魔鬼对伊凡·卡拉马佐夫说，在上帝创造的世界中，他起到摩擦或否定作用，谨防这世界由于无聊至极而萎缩。缺了他，世界将"一无所剩，除了对上帝的赞美"。若清除了这个异端因素，宇宙秩序便会崩塌，令一切终结。魔鬼天生就是解构主义者。

这种幽默，究其源头，在于事物暂时失却其在整体格局中的固有角色，导致失序、疏离与陌生化。我们笑，是因为某些现象似乎陡然失其常态，某些事情突然失去控制、乱作一团。这般滑稽的情形，使人得以暂时脱离清晰有序、不容置疑的世界，获得喘息之机。那是一个失去纯真的世界，它存在于先，人类灾难性地堕入意义在后。滑稽用例如笑话或机智的调侃，搅扰了宇宙的平衡；或者，用蠢笨、怪诞、荒谬、超现实的方式，将宇宙自身连贯的意义涤荡干净。本身毫无意义的笑声把意义的严重流失表现得淋漓尽致。因此，魔鬼观与幽默常常相连，便不值得大惊小怪了。同样正常的是，地狱中向来就回响着堕落的灵魂发出的下流笑声，窃笑、狂笑、幸灾乐祸的嘎嘎笑。他们自信已经看透了人的价值：揭开其真容，不过是言词虚华的欺诈。托马斯·曼在《浮士德博士》中也谈及这类笑声，认为它带有"恶魔般的讥讽意味"，是"狂呼、嘶叫、咆哮、哭诉、嚎叫、尖叫"造就的"地狱式的快活"，是"地狱中含讥带讽、得意扬扬的笑声"。[1]魔鬼与天使的对立，便是伊阿古与奥赛罗的对立，或者说，是弥尔顿笔下郁怒的撒旦与小官僚般饱受压抑的上帝之对立。波德莱尔曾写道："笑具有撒旦性质，因而蕴含着深刻的人性。"[2]凡夫俗妇极易轻信，他们热切地认为，那无谓与单薄的意义与价值像铁熨斗一般坚实，真是可悲可叹。目睹这些，魔鬼们爆发出难以置信的大笑，压都压制不住。

阿莲卡·祖潘季奇的喜剧研究颇具新意。她认为"此世界的构成自相矛盾、因势而变"，[3]笑话即是其缩影。人的意义建构具有偶然性，缺乏依据。笑话的功用在于将这点提升到意识层面。可以说，笑话是藏匿于语言象征秩序内的真实，而该秩序看似自然，实则是现实的理性版本。构成该秩序的能指，实际是随意的符号与声音；若想有效运作，它们必须足够灵活、含混，能够自由浮动，从而以各种不同的方式结合，包括荒唐与反常的方式。因此，从逻辑上讲，构成意义的也能构成无意义。二者相互依存，缺一不可。祖潘季奇认为："普遍的无意义是一切意义的先决条件。"[4]弗洛伊德也持此观点：无意义是意义的根基。雅克·拉康写道："笑话的价值在于，它能够利用一切意

---

1 托马斯·曼：《浮士德博士》（*Doctor Faustus*, London, 1996），第 378 页。——原注

2 夏尔·波德莱尔：《艺术文学文选》（*Selected Writings on Art and Literature*, London, 1972），第 148 页。——原注

3 阿莲卡·祖潘季奇（Alenka Zupančič）：《格格而入：论喜剧》（*The Odd One In: On Comedy*, Cambridge, MA, 2008），第 144 页。——原注

4 阿莲卡·祖潘季奇：《格格而入：论喜剧》，第 144 页。——原注

义实质上的虚无性。"[1] 社会现实的建构随形而变，笑话透了这个底，由此也揭露了现实的脆弱性。祖潘季奇评价道："在一定程度上，每个笑话都道出了，或者说展示出我们这个世界本质上的不确定性与危险性。"[2] 此论也适用于亲属角色的有序结构；它是一个象征秩序，由一套确定恰当组合的规则所统御。在本质上，这类秩序若能正常运作，则必能非正常运作。规范该秩序的诸种规则，能够对众角色进行合法的排列组合，也能够产生出非法的排列组合。乱伦即是一例。

社会意义的不稳定性，在局外人眼中或许最为明显。所以，从威廉·康格里夫、法夸尔、斯梯尔、麦克林、哥尔德斯密斯，到谢立丹、王尔德、萧伯纳、贝汉，[3] 主导英国戏剧舞台的，是一个个移居来的爱尔兰人。这些作家漂到伦敦，身无长物，唯有兜售其机智与诙谐，进而将其局内人 / 局外人的混合身份，变为成果斐然的戏剧实践。他们都操英语，其中几位还是英爱混血，对英国本土的社会习俗相当了解，能够做到了然于胸；同时，与那些习俗也保持着足够的距离，令他们能以讥诮的目光，敏锐地发现其荒谬之处。英国人眼中似乎不证自明的假设，会令他们感到假得

1　转引自阿莲卡·祖潘季奇：《格格而入：论喜剧》，第 142 页。—— 原注

2　阿莲卡·祖潘季奇：《格格而入：论喜剧》，第 143 页。—— 原注

3　威廉·康格里夫（William Congreve, 1670—1792）：英国剧作家。法夸尔（George Farquhar, 1678—1707）：爱尔兰剧作家。斯梯尔（Sir Richard Steele, 1672—1729）：英国记者、剧作家、散文家、政治家。麦克林（Charles Macklin, 1697—1797）：爱尔兰剧作家。哥尔德斯密斯（Oliver Goldsmith, 1730—1774）：英国诗人、剧作家、散文家。谢立丹（Richard Sheridan, 1751—1816）：英国杰出的喜剧作家。贝汉（Brendan Behan, 1923—1964）：爱尔兰剧作家。

出奇；喜剧艺术就是从这反差中采撷而来的。自然与矫饰的冲突，是喜剧的恒久主题。最能敏锐地感受到这一点的，是这些爱尔兰作家。虽然经常流连于英国的俱乐部与咖啡馆，他们却真切地感到，在伦敦文人圈内，自己不过是访客而已。

可见，喜剧存在的目的，就是颠覆宇宙。此处的宇宙，指的是一个理性的、道德的、美丽的、有序的整体。若此言非虚，则某种意义上，它便是个反讽，因为"神曲（神圣的喜剧）"这一表述意指的就是这个观点。[1] 稍后将会看到，在其形而上学意义上，喜剧反映出准神秘主义信念：虽然看似相违，一切在根本处都与人性相合。《新约》在此意义上便是部喜剧文献，虽然它很清楚，为此信念付出的代价高得骇人，不是死亡，就是自我放逐。舞台喜剧在形式层面保留了秩序与设计感，却用颠覆性的内容质疑这种均衡。似乎形式是乌托邦的，或者合乎天使观，而内容是讽刺性的，合乎魔鬼观。最终，一部喜剧往往从后一状态向前一状态迁移。这个行动或许围绕着象征秩序的某个危机展开。然而，其最终目的是修补、恢复与和解。由此，围绕危机的喜剧让位于围绕宇宙秩序的喜剧。经历一番搏斗之后，天使观战胜了魔鬼观。

最后来看巴赫金，这位最伟大的现代喜剧思想家。其论喜剧的开创性著作《拉伯雷与他的世界》成书于

---

1 关于但丁与喜剧，请见阿甘本（Giorgio Agamben）之《诗歌的终结》（*The End of the Poem*, Stanford, CA, 1999）第 1 章。——原注

斯大林时代最黑暗的阶段。没错，该书的目的之一，是不动声色地批判斯大林政权，其不同政见也最终让作者遭到流放。巴赫金认为，笑不仅是对滑稽事件的反应，也是独具特色的认知形式。它"具备深刻的哲学意味，"他写道：

> 是关于作为整体的世界，关于历史，关于人的真理的基本形式之一。它是关照世界的特殊视角，从它看出去，世界面目一新；相比严肃的视角，它看到的或许更为深刻，起码不会肤浅。因此，在提出普遍性问题时，伟大的文学作品不但接受严肃，也容纳笑声。世界的某些基本面仅有笑才能触及。[1]

就像效果强烈的艺术作品，喜剧以独特的角度照亮世界，且其方式独具一格，其他社会实践形式无从效仿。

巴赫金最看重的喜剧艺术体裁，是狂欢式幽默，后文将详尽描述。他认为，狂欢不仅是大众的欢庆形式，还是包罗万象的世界观，而狂欢式的笑，便是表达该世界观的语言。用巴赫金的话来说，这种语言不但具有哲学性，也具有世界性。他声称，在启蒙后的欧洲，世界与人性的基本真理无法再用此类欢快的语

---

[1] 巴赫金（Mikhail Bakhtin）：《拉伯雷与他的世界》（*Rabelais and His World*, Bloomington, IN, 1984），第66页。——原注

言来表达。这种语言早已从中世纪的正式仪式与意识形态中清除出去，只能在非正式的狂欢亚文化中落脚。巴赫金说："阶级文化那些严肃的面，都是官方的、权威的，结合了暴力、禁忌与限制，向来包含着恐惧与恫吓的成分。这些成分在中世纪甚为盛行。与之相反，笑击败了恐惧，因为它无所顾忌，不受限制。它的语言从未被暴力与权威使用过。"[1]

巴赫金明目张胆推崇大众娱乐，似乎忘记了"面包与马戏"[2]的传统功能。当然，他不曾见识电视娱乐节目或右翼喜剧演员，这真是件幸事！他狂热地相信，狂欢式的笑"击败了神权与世俗权力，击败了权威的戒律与禁忌，击败了死亡与死后的惩罚，比如地狱和一切比人世更为可怖的东西……中世纪的笑最本质的元素，是战胜恐惧的强烈意识……一切吓人的东西都变得荒诞不经"。[3]这样的诙谐实质上是政治性的，它表明"击败了权利，打败了俗世王侯与上层社会，战胜了一切压迫与限制"。[4]它与"生育繁殖，比如出生、重生、富饶、生育力"[5]息息相关。"对中世纪诙谐文作者而言，"巴赫金以贸然而夸张的风格写道：

1　巴赫金：《拉伯雷与他的世界》，第 90 页。——原注
2　面包与马戏（Bread and circuses）：最初由罗马讽刺诗人朱维纳尔（Juvenal）提出，指的是公众有了食物与娱乐，就忘却了社会责任。现在多指公众自愿接受舒适的短期解决方案，以缓和心中的不满。
3　巴赫金：《拉伯雷与他的世界》，第 90—91 页。——原注
4　巴赫金：《拉伯雷与他的世界》，第 92 页。——原注
5　巴赫金：《拉伯雷与他的世界》，第 95 页。——原注

万物无一例外都具戏剧性。笑声和严肃都具普遍性。笑的对象是整个世界，是历史，是一切社会，是意识形态。它是这个世界的第二真理，推及一切，却丝毫不曾损减。可以说，它是整个世界的欢乐面，存在于这世界的一切元素中。它是玩耍与笑声中的世界获得的第二次天启。[1]

是喜剧的，还是严肃的，这是认知的两种对立模式，是关于现实实质的对立阐释。二者并非彼此的替代品，也非不同的话语模式。

严格来讲，狂欢具有时段性。因而，巴赫金大力渲染的胜利，实际上脆弱而苍白。即便如此，他的笑的理论之所以吸引人，在于他将狂欢这一最为奇异怪诞的人类活动，看作现实性的终极形式，在伦理层面与认识论层面上皆如此。为我们展示现实真实感的，是一场盛大演出。作为具有特权的认知形式，狂欢式的笑掌握了世界的真相，即无止无休的生长、腐烂、繁育、变异、再生、重生，从而颠覆了官方意识形态看似永恒不变的纲要。唯有笑能够揭示现实的内质。巴赫金坚持认为，它必须"将世界的快乐本质解救出来，否则，世界便笼罩在悲观的谎言中，而始作俑者，便是一副冷面的恐惧、折磨与暴力"。[2]维多利亚小说

1　巴赫金：《拉伯雷与他的世界》，第 84 页。——原注
2　巴赫金：《拉伯雷与他的世界》，第 174 页。——原注

家乔治·梅瑞狄斯[1]对喜剧亦有类似论述，他认为喜剧是"解妄想之毒"的灵药。[2]对巴赫金来说，这样的幽默既然与狂欢牢不可分，那么它便是实践式认知，而非沉思式认知。只有喧闹的狂欢精神，快乐、无畏、自由，才有胆量断言，现实的性质是易变的、暂时的、未完的、不稳的、开放的，从而摒弃坚实的基础、形而上的保证与超验的能指。喜剧世界观具有的"清醒的乐观主义"，指的是世界去掉了神秘的面纱，清除了意识形态幻想，摘下了面具，露出本质上的暂时性、物质性与多变性。

变化与波动虽会招灾惹祸，在人眼中却弥足珍贵，道理何在？此问题至今没有答案。对巴赫金而言，它们不过是现实固有的特点，任何现实主义的认识论都该对其照单全收。存而未论的是，为什么从认识论角度看到的真实，从伦理角度看竟然也可以接受。众多思想家认为，我们应当与现实对抗，而不是与之合谋。即便如此，喜剧与现实性的关联仍引人遐想。幽默也许能缓和我们的控制欲与占有欲，从而在看待客体时，不带强烈的渴求。若仅仅是我们某种主观意志的一部分，幽默便不再具有意义与价值。没错，笑着的身体无法为意义与价值代言。喜剧驱散了物给人造成的威胁感，由此拉近了人与物的距离；对瓦尔特·本雅明

1　乔治·梅瑞狄斯（George Meredith, 1828—1909）：英国小说家，著有喜剧杰作《利己主义者》（The Egoist）。

2　乔治·梅瑞狄斯：《喜剧随笔》（An Essay on Comedy, New York, NY, and London, 1972），第121页。——原注

而言，机械复制具备同样的功用。然而，喜剧也驱逐了任何深刻的欲望或情感，并将其推开到一定距离，好令我们在把握它们的同时，无须参照自己喧嚷的要求与欲望。撇清了与现实的直接关联，幽默便与艺术有了某些共通之处。

下文中我们会看到，巴赫金式狂欢或许充斥着暴力与谩骂，然而，此等粗鄙行径却发生在幸福愉快的总体气氛中，获得了充分的情感支持。不过，此刻我们或许该转而关注一个截然不同的幽默理论。

第二章　嘲弄者

若说顿降描述了从高到低的轨迹，那么，所谓的"优越论"在阐释幽默时，亦复如此，唯实质有所不同。同类的懦弱、愚钝或荒唐，观之令人大悦，幽默便油然而生。此说法古已有之。早在《所罗门智慧书》中，看到惩戒恶人的灾难业已准备就绪，耶和华便开心地笑了。希伯来《圣经》中，神的笑仅有寥寥数例，且多出于嘲弄而非友善。奥古斯丁创立的经院哲学传统中，上帝也曾嘲笑地狱中的罪人。[1] 巴里·桑德斯注意到，西方文学的第一声笑，是众神嘲笑跛足火神赫菲斯托斯，发生在《伊利亚特》第 1 卷中。[2] 柏拉图在《斐莱布篇》里写到喜剧源自恶毒的嘲弄。亚里士多德也认为，幽默大多是侮辱性的。不过他承认，亦存在无害的幽默。他还秉着无可挑剔的政治正确性，禁止

---

1 约翰·费尔波克莫斯（Johan Verberckmoes）：《西属尼德兰地区的喜剧表演与反宗教改革运动》（*The Comic and Counter-Reformation in Spanish Netherlands*），收于简·布雷默（Jan Bremmer）与赫尔曼·卢登伯格（Herman Roodenburg）主编：《幽默文化史》（*A Cultural History of Humour*, Cambridge, 1997），第 81 页。——原注
2 巴里·桑德斯（Barry Saunders）：《突然的荣耀：作为颠覆性历史的笑》（*Sudden Glory: Laughter as Subversive History*, Boston, MA, 1995），第 65 页。亦见斯蒂芬·哈利威尔（Stephen Halliwell）：《希腊的笑》（*Greek Laughter*, Cambridge, 2008）。——原注

人们嘲笑他人的不幸。[1]

西塞罗在《论演说家》中指出，人们常讥笑他人的身体缺陷；弗朗西斯·培根认为，滑稽的行为与损毁的外貌是快乐的源泉。简·里斯[2]小说《早安，午夜》的叙述者思索道："看来为了别人能开怀大笑，有的人就得痛哭失声。"从这一偏狭的观点来看，幽默的首要源泉，是他人的苦难带给我们的快乐，德国人称之为"幸灾乐祸"[3]。对他人的缺点，不论是自欺欺人、自我膨胀、蹩脚的自我开脱，还是痴心妄想、无耻好色、极端利己，抑或是笨手笨脚、呆头呆脑、傻里傻气，我们都极尽嘲笑之能事。这般做法，令自我陶醉在某种虚幻的强大感中。身体或道德缺陷令自我焦虑；通过对它们实行淡化处理，也就是通过讽刺，来贬低令自我不快的东西，打击引起恐惧或痛苦的事物，从而使自我的紧张感得以疏解。我们或许还注意到，当涉及头脑问题时，遭人耻笑意味着你的想法遭到轻视而不是激烈反对，收获冷眼而不是驳斥，这种羞辱尤其令人痛苦不堪。

优越论的最佳表述，是《利维坦》中托马斯·霍布斯那段名言——"使面部做出笑的表情的，是一股强烈的情感，叫作突至的自豪感[4]。究其起因，无外乎

1　玛丽·比尔德（Mary Beard）:《古罗马的笑》（*Laughter in Ancient Rome*, Berkley, CA, 2014），第 33 页。——原注

2　简·里斯（Jean Rhys，1890—1979）：西印度群岛小说家，著有女性主义名作《藻海无边》（*Wide Sargasso Sea*）。

3　德语原文是"Schadenfreude"。

4　原文是"sudden glory"，意思是"突然间感觉自己比别人强多了"，商务版《利维坦》将其译为"骤发的自荣"。

两种：一是令人得意的突发性自我行为，二是目睹他
人缺陷而较诸自身，顿时便为自己喝彩。"[1] 笑是因为意
识到，与他人的孱弱相比，与过去的缺陷相比，自己
具有了某些"过人之处"。这里，幽默既不是友善的、
嬉戏的、肯定的，也不是愉悦身心的胡言乱语。人们
通常认为，幽默呈现了人性中某些最迷人的优点，而
此时，它却表现出某些最令人不齿的缺陷。尽管如此，
托马斯·霍布斯依旧坚持认为，过分享受他人的痛苦
是怯懦的表现，应该予以避免。伟大的心灵尽量不去
嘲弄他人，而是与能力卓著之辈相较高低。此处，霍
氏触及到优越论的一个悖论，即嘲笑他人不如己，反
而衬出自己的道德贫困。约瑟夫·艾狄生[2] 在其杂志
《旁观者》上撰文，大力支持托马斯·霍布斯的观点，
认为幽默是"心底的狂喜与自傲"。不过他也承认，某
些情况下，所谓的优越感并无根据。[3] 黑格尔在《美学》
里声称，目睹他人的失误与差错而自鸣得意，笑盖源
于此。查尔斯·达尔文也持类似观点，认为幽默里包
含着优越感，但同时也相信，失谐也发挥了一定的作
用。后世的一位思想家将优越论与宣泄论结合起来，
声称打破社会常规，会带来超越常规的愉悦感，让我

---

1 托马斯·霍布斯：《利维坦》(*Leviathan*, Cambridge, 2010)，第 43 页。——原注
2 约瑟夫·艾狄生 (Joseph Addison，1672—1710)：英国散文作家，与 Richard Steele 合办著名杂志《旁观者》(*The Spectator*)。其散文亲切通俗，典雅优美，屏除俚俗，又不炫耀文采。
3 唐纳德·F. 邦德 (Donald F. Bond) 编：《旁观者》(*The Spectator*, Oxford, 1965)，第 1 卷，第 147 页。——原注

们不再唯唯诺诺。[1]与之相反，受新柏拉图主义之宇宙社会和谐观影响，沙夫茨伯里伯爵声称，只有那些"秉承奴役原则的人，才会装得对低俗不屑一顾，对大众嗤之以鼻"。[2]

优越论企图全面解释幽默，而且近期也不乏捍卫者[3]，但其可信度却相当低。的确，它不但不可信，而且甚是滑稽。梗着脖子说表面上所谓的高昂情绪、同志情谊或善意娱乐总是出于贬低他人的恶毒欲念，听上去未免有些偏执，令人感到可笑。据称，表面上的和蔼友善，来自内心的刻毒、怨恨、傲慢与敌意。诗人弗罗斯特觉得，"任何幽默所表现的，无外乎是恐惧与自卑。反讽不过是一种自卫，……世界到底不是个笑话。我们开玩笑，是为了避免冲突。……幽默是最有趣的怯懦"。[4]然而，即便是嘲弄式幽默，其优越感也并非俯拾皆是。一个人裤子掉了，会引发窃笑。不过，可能除了不会选皮带，其他方面他都比我们强。再说了，掉了裤子也不是什么道德缺陷。众目睽睽之

1　A.M. 卢多维奇（A.M. Ludovici）：《笑的秘密》（*The Secret of Laughter*, London, 1932）第 31 页。——原注

2　沙夫茨伯里伯爵：《人、风俗、观念、时代等的特点》（*Characteristics of Men, Manners, Opinions, Times Etc*, Bristol, 1995），第 1 卷，第 53 页。——原注

3　譬如罗杰·斯克鲁顿（Roger Scruton）：《笑》（*Laughter*），载于约翰·莫雷尔（John Morreal）编：《笑与幽默的哲学》（*The Philosophy of Laughter and Humor*, New York, NY, 1987）。斯克鲁顿提出，幽默出于对所研客体的贬低。F.H. 巴克利（F.H. Buckley）在《笑的道德》（*The Morality of Laughter*, Ann Arbor, MI, 2003）里认为，虽然优越感不是笑的充分条件，但总是必要条件。比如他以为，文字游戏是竞争行为，表现出优于他人的智力。至于针对优越论而为幽默所做的辩护，请见 A. M. 卢多维奇《笑的秘密》的第 2 章。——原注

4　转引自马修·贝维斯发表于《伦敦书评》（*London Review of Books*）2015 年 2 月第37 卷第 4 期的文章。——原注

下，突然间暴露双腿，并不表明本质上低人一等。很可能，嘲笑别人缺陷的同时，我们清楚自己也好不到哪儿去；笑人家近视的时候，我们自己也看不清远处的东西。猫王（艾尔维斯·普雷斯利）既是位瘾君子，也狂热地反对毒品。此外，即便一切幽默都是对人或事的贬低，也不等于所有低等状态都涉及幽默。因为幼儿不明白集合论，或者蛇不会使用洗碗机，我们就倒在地上笑得打滚，这可能吗？

　　尽管怀疑托马斯·霍布斯的观点，沙夫茨伯里伯爵依然将一种刻毒的幽默与宣泄论对接起来；二者的结合着实非同寻常。男女的自然性情一旦摆脱约束，那么"不论是滑稽讽刺，还是嘲弄模仿，抑或是插科打诨，都一定要痛快地发泄出来，对先前的约束者施以报复"。[1] 在新教盛行的阿尔斯特，专题论文并非习见的文学体裁，而哲学家弗朗西斯·哈奇森偏偏用它探讨了笑这一现象。他将托马斯·霍布斯令人反胃的观念批驳得体无完肤，从中获得了巨大的乐趣。他不无讥讽地写道："很遗憾，阴云密布的日子里，没有医务室或麻风病院让我们躲进去，整个下午嘲笑那些不如我们的东西……"[2] 他还故作困惑地补充道，托马斯·霍布斯的拥戴者竟然没有孜孜不倦地收集猫头鹰、

---

[1]　沙夫茨伯里伯爵：《人、风俗、观念、时代等的特点》第 33 页。——原注

[2]　弗朗西斯·哈奇森：《关于笑的思考，以及关于蜜蜂寓言的谈话》（*Reflections upon Laughter, and Remarks upon the Fable of the Bees*, Glasgow, 1750），第 12 页。关于弗朗西斯·哈奇森的仁爱主义哲学（benevolistic）的描述，请见特里·伊格尔顿：《希斯克利夫与大饥荒》（*Heathcliff and the Great Hunger*, London, 1995），第 3 章。——原注

蜗牛、牡蛎这等低级动物，以"从中取乐"，真是咄咄怪事。埃莲娜·西克苏[1]认为女性的笑戳穿了男性的自负，因此是对优越感的打击，而不是优越感的例证。[2]喜剧或许不是运用权力，而是争夺权力。这个领域的斗争可能是象征性的，并不仅仅是讥笑当权者那么简单。

亨利·柏格森[3]的幽默观属于优越论的一种。他认为，幽默是对某些刻板的社会现实做出的反应。亨利·柏格森确信，所有幽默都出于羞辱他人的目的，而且常常是群体行为，即持同样鄙夷观点的人形成无言的默契或同谋关系。依此理论，我们嘲笑的那些人与事，要么按部就班不假思考，要么过分执着鬼迷心窍，要么无力改变生活状态，要么难以适应周围环境。那些耽于异行的怪人便是一例。幽默的旨归，在于借讥讽之力，将异端纠回正途。笑因而起到了纠正社会行为的作用；它约束社会偏常行为，缓和生硬的性格与做法，从而造就了心理可塑性，满足了现代社会的要求。于是，喜剧具备了直接的社会功用；且看自朱维纳尔到伊夫林·沃的丰富的社会讽刺传统。人们以为幽默无足轻重，缺乏实际功用，实在大错特错。相反，其最为悠久的功能便是社会改良。倘若批评无法令男男女女回归道德，那么也许讥讽可以做到。这样，为了文明的目的，社会敌意得以制约。弗朗西斯·哈

---

1 埃莲娜·西克苏（Hélène Cixous）：当代最杰出、最富创新精神的思想家之一。

2 此观点出自一篇散文，收录于玛莎·塞加拉（Martha Segarra）编：《袖珍西克苏选集》（*The Portable Cixous*, New York, NY, 2010）。——原注

3 亨利·柏格森（Henri Bergson, 1859—1914）：法国哲学家，诺贝尔文学奖得主。

奇森写道："人遭到嘲笑，便会改正错误，布道词做不到这点。"[1] 当然，幽默的用途不仅限于此；还可用它操控或威吓、献媚或蒙蔽、伤害或疗伤、破冰及缔约。至于伤害，请注意，"讽刺"一词源自古希腊，意为"扯下块肉来"。幽默功用甚广：既可保护自己，亦可肯定他人；既可拆人之台，又可贺人之喜；既可热心团结，又可板脸批评。幽默关注实际事物，并不是事不关己高高挂起。

　　且看前人作品，比如亨利·菲尔丁的小说。托马斯·哈代以前，英国小说家多写喜剧。其同辈作家塞缪尔·理查逊[2] 虽为异数，菲氏却概莫能外。喜剧是社会进步的媒介：弥补不幸，解决冲突，惩戒邪恶，奖励善行。它将异端纠回正途，为一时陷于混乱的社会重建秩序与均衡。简·奥斯丁的小说绝少令人捧腹，但其喜剧性亦源于上述功能。也许，我们可以得出相当严肃的推论：既然如此，这等惩恶扬善只能是而且永远是诗学的。也就是说，只有在小说里，社会冲突才能缓解，社会矛盾才能调和。此种喜剧艺术所呈现的，是社会和谐的幻想，因此，它既是乌托邦的，也是意识形态的。

　　喜剧于亨利·柏格森而言，关乎智力而无关情感。

1　弗朗西斯·哈奇森：《关于笑的思考》（*Thoughts on Laughter*，Bristol, 1989），第51页。——原注
2　塞缪尔·理查逊（Samuel Richardson，1689—1761）：英国小说家，大器晚成，五十多岁才开始创作。名作有《帕梅拉》（1740）和《克拉丽莎》（1748）。

他说，喜剧要求"心暂时处于麻痹状态"，[1] 此言甚为贴切。弗洛伊德亦认为，喜剧与任何强烈情感均格格不入。事实上，因为喜剧，我们得以遏制此类情感，将同情或怜悯变为讥笑。于是，依照优越论，幽默本质上是冷酷的。安德烈·布勒东在其所编选集《黑色幽默》中称，伤感论是幽默的死敌。另有理论家猜测说，笑是为对抗怜悯进化而来的，将我们与他人的痛苦隔开。[2] F. H. 巴克利下定决心，凡能想到的幽默形式，必须纳入优越论框架之中。他甚至将狂欢涵括进来，认为它炫耀欢庆人群之活力，以衬出统治者情感的苍白。小说家安吉拉·卡特将喜剧看作发生在他人身上的悲剧，而梅尔·布鲁克斯[3]认为，悲剧就是自己切到手指，喜剧则是某人掉入下水道丢了性命。这样看来，笑与现实紧密相连，因为你必须清晰地知道什么如此有趣，同时又保持距离、冷眼相对、不屑一顾、嗤之以鼻。目睹他人的过失与纰漏，会生出虚幻的感觉，认为自己无比强大，继而觉得自己会永生不死。可悲可怜的自我，通过将自身缺陷投射到他人身上，以享受片刻无忧无虑的逍遥；十八世纪称为崇高的心理状态，也能令自我获得这种感受。借助这一防御机制，自我的紧张与焦虑得以大大缓解。

---

1 亨利·柏格森：《笑：喜剧意义散论》（*Laughter: An Essay on the Meaning of the Comic*, London, 1935），第 5 页。——原注

2 W. 麦克杜格尔（W. McDougall）：《群体心理》（*Group Mind*, New York, NY, 1920），第 23 页。——原注

3 梅尔·布鲁克斯（Mel Brooks, 1926— ）：生于纽约布鲁克林，犹太人，美国影视剧坛的喜剧大师，已经摘取了四项影视界大奖：托尼奖、艾美奖、格莱美奖和奥斯卡奖。

伊夫林·沃早期的讽刺小说风格平淡，表述直接，尽量不动声色——"他判了七年劳役，真是个打击"[1]——从而遏止了过多的心理苦痛。经中性风格过滤后，至为怪异的角色与最为离奇的事件失却立体感，变得扁平；这一风格将情感彻底清除，令内质完全流失。沃的小说中的人物，全是些初入社交圈的女孩儿、中产阶级寄生虫，以及紫红脸膛儿的花花公子，上述手法便是对他们居高临下的讥讽，而同时又巧妙地避免了道德评判。人物道德与情感的麻木，令他们无法接受自身经历。这种麻木状态，反映在小说对人物细致入微的外在化处理中，其效果是，无论是叙述者，还是道德真空世界的受害者或替罪羊，都无法对这个世界做出切实的批判。在此意义上，小说的形式令它既高于主题，又与主题构成同谋。小说的感知模式看似冷静，却与它呈现的行为形成共谋。与此同时，读者无须绷紧神经，以解读情感的微妙与人物性格的复杂，于是便得以放松，笑得更为畅怀。

喜剧这个词，既有贬抑，又有肯定。称某人为喜剧演员，未必就是毫无保留的赞美，除非那本就是人家的行当。一位律师为喜剧演员肯·多德[2]辩护，成功助其摆脱逃税指控。他声称，虽说许多会计是喜剧演

1　该句出自伊夫林·沃的首部长篇小说《衰落与瓦解》（*Decline and Fall*）第 3 部第 1 章 "Stone Walls do not a Prison Make"。主人公保罗认为自己最多判一年，结果出乎意料。

2　肯·多德爵士（Sir Ken Dodd，1927—2018）：英国最受爱戴的喜剧演员之一。

员，可喜剧演员倒很少是会计。"人间喜剧"一词也许意味着充满活力的人类生存状态及其多样性令人欢欣鼓舞，正如巴尔扎克的《人间喜剧》所呈现的那样。然而，它或许也在暗示，人这个物种就是个笑话，不必太过在意。的确，比如从神的高度来思考人，便会觉得人是个卑劣的闹剧，最悲观的哲学家阿图尔·叔本华即是如此。虽然满脑子悲观念头，瞧着这些叫作人的可怜虫，阿图尔·叔本华也忍不住轻蔑地哼笑出声。在他眼中，"这些生物始终处于精神贫困状态，活着的时候相互吞噬，在焦虑与贫穷中苟延时日，常常忍受着煎熬与苦痛，直到有一天撒手归西"。世界是"人这个备受折磨与煎熬的生物的战场"，它不具备宏伟的目标，只有"暂时的满足；匮乏所造就的瞬间的欢愉；巨大而漫长的苦难；不断的挣扎，永恒的争斗[1]；一切皆猎手，一切皆猎物；压力、渴求、需要、焦虑；尖叫与哭嚎。这一切无休无止[2]，或者直到地壳再次破裂才会停息"。[3]

以上观点虽充满不屑，但有某种暗黑的喜剧意味。其喜剧感来自失谐状态：一面是从奥林匹斯山上居高临下所见的真实情形，一面是俗世男女热衷追逐各类

---

1 此处原文是拉丁语 "bellum omnium"，全称为 "bellum omnium contra omnes"，意为 "所有人攻击所有人的战争"。托马斯·霍布斯在《利维坦》中，如此描绘了人类的存在状态。此处，war（战争）更贴近 "竞争或斗争" 的意思。

2 此处原文是拉丁语 "in saecula saeculorum"，意为永远永远（"for ever and ever"）。

3 阿图尔·叔本华（Arthur Schopenhauer, 1788—1860）:《作为意志与表象的世界》（*The World as Will and Representation*, New York, NY, 1969），第2卷，第349, 581及354页。——原注

虚幻的目标，信什么都没信自己重要。哈代的小说也运用了这一双重视角。且容我打个比方，作为小说家，他先将镜头置于人物的肩后，继而将其后撤，扩大视野，令他或她变为渺小的一点，在广阔的自然背景中爬行。此意义上的喜剧与斯威夫特的讽刺作品相同，都毫不留情地贬低世人，为的是治疗人性，但稍有不慎，便会堕入虚无主义的泥沼。居高临下的角度，将人的多样性简化为几个固定的类型，每个类型的人都坚信自己是自由而独特的，同时一切行为举动，却盲目遵照性格这一无从改变的宿命。像所有闹剧一样，这种观察方式将喜剧与无意义结合起来。

可是，超然的姿态也会产生某种同情。想到一切都无关紧要，心情便放松下来。随着紧张感的消失，对他人的同情便油然而生。自己的事情不再要紧，对它们的态度便会多些嘲弄，而于他人之事，便更有闲暇去关注，虽然那同样无关紧要，抑或，我们不再盯着他们个人的恶，转而关注他们共同的苦。这样，对其处境的同情，便以贬低其特殊性为代价。能心怀厌恶地俯视人间百态，便能带着揶揄的笑这样做，就像萨克雷《名利场》的结尾处，叙述者说："唉，浮名浮利，一切虚空！我们这些人里面谁是真正快活的？谁是称心如意的？就算当时遂了心愿，过后还不是照样不满意？来吧，孩子们，收拾起戏台，藏起木偶人，咱们的戏已经演完了。"[1] 小说中那些有血有肉的人物，在最后这段无奈的说教中，被降格为彩绘玩偶，而整本内容繁复的书，不过是随便一场娱乐孩子的表演。

在《亚当·贝德》中，乔治·艾略特用类似的口吻，谈到那些平凡无奇的下中产人物：

> 身边的每个人，无论他什么样子，你都得接受：纠正他们的偏见，增加他们的智慧，改变他们的性情，都不可能做得到。你的一生将在他们中间度过，所以，对他们你必须容忍、同情、热爱。就是这些多少有些丑陋、愚蠢、多变的人，一旦做出善举，你要表示敬慕。对这些人，你要怀着一切希望，抱着最大的耐心……我觉得，每当凝视这些真实再现单调平凡生活的画面，心中都会涌起温暖而亲切的感觉。我身边的许多人，就是过着这样的生活，没有浮华，没有赤贫，没有悲惨的苦痛，也没有惊世骇俗的壮举。（第 17 章）

这番话虽饱含感情，却保持着居高临下的距离。在叙述者的眼中，俗世男女平凡庸碌、愚蠢笨拙，多少令人反感。悲剧英雄主义或高瞻远瞩的理想主义，此类人望尘莫及，不过，他们并非没有价值。与这高

---

1 《名利场》：杨必译，北京：人民文学出版社，1986 年，第 874 页。

人一等的反讽相伴的，是对这些滑稽生物热切的同情，充分的体谅，外加对其怪癖与缺点冷嘲式的宽容。诚然，恰恰由于爱俗人绝非易事，我们的同情才弥足珍贵。这些个升斗小民说来毫无希望，但还算循规蹈矩，并无歹念恶意。他们资质平庸，生活乏味，便也就犯不了大奸大恶之事。若他们多几分英雄豪气，或添几许夺目光彩，恐怕我们早会收起了亲近之心。只要我们没有过高的期许（艾略特接下来抨击了"只适合极端世界的宏旨大论"，指向的是那些乌托邦信徒与革命者），他们便可成为同情的对象，也适合拿来打趣。然而，如此宽宏大度或可招来险恶的政治后果：俗世男女若真有这般缺陷与毛病，或许该有严格的政府来训诫他们。

据此略带不屑的评价，人类无从救赎，亦无法洗心革面，只能是现在这副模样。如戏中之演员，书中之人物，他们仅能扮演详尽规定的角色。居高下望，其行为举止宛如蚂蚁，一切皆已先定。也许他们该跟自己说，"我们是自由的，拥有自决权"，以便将社会现实挡在门外，而事实正好相反。在叶芝诗作《复活节1916》中，约翰·麦克布莱德[1]"放弃了他 / 在这部轻松喜剧中的角色"，可一旦脱离这个角色，等待他的只有死亡。在这冰冷的宿命论中，除了悲哀，我们也许还能感受到某种宽慰。人也许平凡无奇，但至少可

---

1 约翰·麦克布莱德（John McBride，1878—1916）：复活节起义军军官，起义失败后英勇就义。

以预测。他们绝做不出惊天之举，但我们知道他们能做什么、会做什么。

如果人陷入一系列无意义的循环中，那么引起的该是喜剧感，而不是冷嘲与优越感。我们大可放心，在这些圆圈回旋打转、螺旋升降的过程中，并未真的失去什么；一切终将恢复原貌，至多仅有些微差别；每个现象仅仅是多个永恒稳定元素瞬间的组合；如果我们难逃一死，那么，我们参与其中的世界精神或浩荡的物质流，至少可以永生。所以，有别于 T. S. 艾略特的《荒原》，乔伊斯的《芬尼根守灵夜》认识到这终极循环，因而以狂欢的方式欣喜鼓舞，而他的老乡叶芝则期待终有一天，不屈不挠的盎格鲁－爱尔兰精神，将借助历史之轮的力量，恢复其崇高地位。其诗作《天青石雕》里的中国人，自峰巅俯瞰世间形形色色的衰败、毁灭、暴行、重生，而他们的眼睛中却充满快乐。[1]

是的，世界充满残酷与伤痛，然而充分认识这点，有助于我们对世界持肯定态度。太阳下没有新鲜事物；凡事都见识过，面对陌生事物时，便省却了心里不适。在宇宙这惊人的艺术品中，一切都不能改动。因此，我们得承认，人的判断无关紧要，万物皆有其分配的位置，对待世界的态度，没有别的，只有美学态度。

1　这首诗作于 1938 年，题为 *Lapis Lazuli*，指的是友人哈利·克利夫顿（Harry Clifton）在他七十寿诞时送的一件乾隆年间的天青石雕。关于此诗的缘起及内容，请见傅浩译：《叶芝诗集》，石家庄：河北教育出版社，2002 年，下册，第 713—717 页。

自然，绝无可能去干预并改变宇宙。喜剧与天数因而成为同谋。卸下了道德良知的负荷，我们凝视着宇宙，内心明白，即便它像海浪一般，对我们毫不关注，我们却与其永恒不灭的物质紧密相连。这种内心深处的从容，这种宇宙即吾家的放松，是我们最具深刻喜剧感的经历之一。可以肯定的是，这种喜剧感跟滑稽无关，但幽默会从它所孕育的坦然中流淌出来。无须说，它也并非无可指摘。深奥的东西未必合情合理。上述看待事物的方式无法理解绝对丧失，而悲剧体验却是围绕这一观念而形成的。万物若是循环往复、不断复原，则不会有任何无可挽回的破坏。或许，这还可能导致道德上和政治上的怠惰。我们能做的，不外乎将现实看作是一件宏伟的艺术品，同时心底明白，虽然厄运将我们团团围住，我们却可以同自然一样，心平气和地与它们保持距离，不会招致伤害。

　　我认得一位社会学家，有天他去大学系里，看到秘书在抹眼泪。他试着安慰了几句，然后沿着走廊，信步来到另一间办公室，往里一瞧，只见又一位秘书在抹眼泪。他跟我讲："一个秘书哭鼻子是悲剧，两个就是社会学问题了。"或者，也许可以说，是个喜剧问题；这里的"喜剧"就是刚讲的意思。社会学家不关心个别现象，多数喜剧亦是如此。吸引喜剧家的，是人间百态在隔开距离观察时呈现出的基本形式，包括共同的行为模式，以及反复出现的仪式性特点。所有艺术形式中，喜剧最依赖对人性的一般认识。高贵的悲剧非同寻常，而喜剧则扎根寻常。第二个秘书的哭，似乎令第一个秘书的悲减轻了分量，令焦点从个体情况移到整体模式上，拉开与第一个哭泣的秘书的距离，淡化了我们的情感反应。后文中会看到，那位社会学家的思考与两件事的雷同让注意力从孤立现象上转移开来，颇具喜剧意味。令人忍俊不禁的，不是二人的悲伤，而是二人都悲伤。我们往往觉得事情不大会雷同，所以，出乎意料遇到相同事件时，便生出失谐感来，令人不禁莞尔。失谐感常起于两个或多个不同事实的冲突，而上面讨论的情况，是唯一的反例。

在大量的舞台喜剧中，都能观察到对总体样式的关注，以及对个体命运的漠视。这类戏剧既吸引我们进去，又常常将我们挡开。之所以能做到这点，其采用的形式至为关键。这令人想到某些喜剧杰作，如本·琼生的《炼金术士》或王尔德的《认真的重要》。通过将戏剧情节风俗化及程式化、戏剧人物脸谱化、突出戏剧语言等手段，这些剧作果决地与观众保持距离，即便后者已情不自禁笑作一团。面对老套的喜剧情节，我们不必细品真实人物的复杂性，节省下来的精力，便可在轻笑或窃笑中消耗掉。若是移情入戏，这乐趣便会遭受致命打击。风俗化倾向在闹剧中达到巅峰，其手法计有：偷桃换李、张冠李戴、本末倒置、叠见层出、颠来倒去、双重效应、真假莫辨、事与愿违、乱点鸳鸯、惊天巧合、依葫芦画瓢等。所有这些形式上的对称，都代表着秩序的反面。剧中人物沦为剧情的承载者，其主体性被清空，成为保养良好的机器的众多齿轮。没人会愿意跟他们产生什么共鸣。在比闹剧稍好些的喜剧里，也许同样要拼命突出情节，因为就功能而言，情节必须像世俗的神。一旦看到有道德的人物谋求自身利益，我们便会兴致索然；为此，情节本身必须负起犒赏他们的责任，带给他们不动产、失散多年的兄弟或家道较为殷实的伴侣，而这一做法不可避免地影响了可信度。一个现实版的雾都孤儿，有多大可能最终穿上细布衬衫和天鹅绒外套？照实刻画邪恶的世界，其结果可能是，你希望看到发扬光大的价值全都毁灭。因此，对现实的歪曲是你必须付出的代价。喜剧让男男女女不靠自力更生就能修成不可能修成的正果，这不过是同情他们婴儿般的脆弱与无助。历史总是把事情搞得一团糟，故需要喜剧来弥补它的过失。

此外尚有布莱希特式戏剧，与前述迥然有别。它反对共鸣，因此，我们便得以摆脱任何特定视角，以挑剔之眼光全面审视作为整体的情节。此处，有种超然而客观的评价是绝对说法的死敌，它对冲突与矛盾时刻保持警觉。观众的情感状态必须各不相同，也只有如此，他们才能怀着更大的同情来做出评判。此同情关涉的不是戏剧，而是总体上的政治社会。这种戏剧的喜剧感不在机智幽默里，而在结构性反讽中。通过这种反讽，一种观点与其对立观点相互激荡冲突，矛盾暴露出来，与现实相左的诸多可能性隐隐呈现，

（正如在所谓间离效果中）一个人表演的同时，也在客观化其表演。这类手法具备一定的辩证性。的确，布莱希特曾坦言，没有幽默感的人绝不可能弄懂辩证法。这一思想对娱乐毫无妨害。布莱希特曾写道：

> 科学时代的戏剧有能力将辩证法化为快乐的源泉。事物按逻辑前进或曲折的发展带来的出乎意料的结果、每种情势的不稳定性、矛盾性中蕴含的诙谐，凡此种种，都可以令人从中享受到人、事、过程的活力，而且，它们提高了我们享受生活的能力，也让我们在生活中获得更多快乐。[1]

这些话出自一位剧作家之口，他曾经声称，要将思考变成真正的感官享受。布莱希特的第一个大力推崇者是瓦尔特·本雅明。他写道："作为思想的出发点，没有比笑更合适的了。更准确地说，相比灵魂的痉挛，总的来讲，胸膈的痉挛更利于思想的发生。"[2] 布莱希特的戏剧将其达到戏剧效果的机制表露无遗，由此打破了现实主义幻觉的魔力，所以观众无须再为维持该幻觉而耗费心理能量，转而将它用于思辨性评价。这也是一种缓解，以其独特的方式与笑异曲而同工。

布莱希特与巴赫金都认为，历史变幻不定，没有

---

1 约翰·维莱特（John Willett）编：《布莱希特论戏剧》（*Brecht on Theatre*, London, 1964），第277页。——原注

2 瓦尔特·本雅明：《理解布莱希特》（*Understanding Brecht*, London, 1973），第101页。——原注

终结，这本身便含有喜剧意味。极端的喜剧性翻转便是政治革命。希特勒昨天还是粉刷匠，今天却摇身一变成了帝国总理，照这个逻辑，明天他兴许就死在地下掩体里。喜剧的反面就是命运。在此意义上，布莱希特的喜剧美学与前述宇宙观的宿命论天差地别。可以肯定的是，这些理论都忽视了一个事实，即如果专制是不稳定的，那么正义与同志情谊亦复如此。即便这样，布莱希特的观点依旧是，事物即便朝坏的方向变化，也会提醒我们，它亦有朝好的方向变化的可能。似乎辩证法是历史的反讽性智慧。马克思主义认为，资产阶级是其自身的掘墓人，这点颇有些黑色喜剧意味；而有朝一日，世界上受苦的人当家做主，这样的前景也因失谐感而产生幽默。在黑格尔看来，历史亦揭示出类似的喜剧结构，因为动机与行动、意图与结果、欲念与满足之间的鸿沟，恰恰是人类进步的原动力。依据这个观点，失谐感，即事物脱离正常轨道、滑离原来位置、旋离同步状态，支撑着世界精神的展开。在吉利恩·罗斯[1]的笔下，黑格尔的《精神现象学》是"一部无止无休的喜剧。按照其精神，我们的目标与最终结果永不匹配，从而引发了修正后的目标、行动与不匹配的结果"。[2] 历史的核心处有种不和

---

[1]　吉利恩·罗斯（Gillian Rose，1947—1995）：英国哲学家，生前为华威大学社会政治教授，著作有 *Hegel Contra Sociology*（1981）、*Dialectic Nihilism*（1986）、*Broken Middle*（1992）、*Love's Work*（1995）等。

[2]　吉利恩·罗斯：《哀悼变为法则：哲学与表现》（*Mourning Becomes the Law: Philosophy and Representation*, Cambridge, 1996）第 71 页。——原注

谐，但没有它，历史便会停摆。也许可以补充一句，能在黑格尔中看到喜剧元素的人如布莱希特，极可能一边观看《费德尔》[1] 或《美狄亚》[2]，一边哈哈大笑。

值得注意的是，喜剧不一定滑稽，机智也不一定有趣。《暴风雨》中没多少插科打诨的成分。契诃夫颇具喜剧感，却并不诙谐，虽说写作生涯的早期，他专写滑稽闹剧与幽默报刊作品。《第十二夜》中，荒唐的马伏里奥穿着交叉的袜带[3]登场时，我们便取笑他；对《仲夏夜之梦》中情侣们的爱恨纠葛，我们却不去嘲弄。从古典角度看，在喜剧叙事中，事态先是娱乐性地偏离正轨，而后得到弥补纠正。迫在眉睫的灾祸得以成功避免。虚构的情节替我们擦拭泪水，满足了我们虽然孩子气却也完全合情在理的要求。《福音书》起到了类似的作用，因为它承诺，在新耶路撒冷它的预言将成为现实。喜剧充满了多舛的命运与可笑的失误，但假以时日，再加上一点魔力，一切便会否极泰来。约翰·罗伯茨指出，喜剧见证了"人类无止境的能力，助其战胜误识、谬错与误解，为真理的复现与更新造就条件"。[4] 的确，没有不断的拖延与偏离，真理便不会自显。黑格尔认为，谬错与误识内在于真理自我揭

---

1 《费德尔》(Phèdre，1677)：法国剧作家拉辛 (Jean Racine，1639—1699) 的一部悲剧作品。该剧取材自希腊故事，描写了宫廷情杀丑闻，揭露了王公贵族及宫廷贵妇所过的淫乱生活。

2 《美狄亚》(Medea，431 BC)：古希腊戏剧大师欧里庇得斯的著名悲剧。

3 见莎士比亚《第十二夜》，第二幕，第五场。

4 约翰·罗伯茨 (John Roberts)：《谬误的必要性》(The Necessity of Errors，London and New York, NY, 2011)，第 204 页。——原注

示之活动中。索伦·克尔凯郭尔在《非科学的结语》中提出，悲剧基于无可解决的矛盾，而喜剧基于可以解决的矛盾。然而，无论悲剧还是喜剧，都不需要我们躺在剧院的过道上无助地打滚。几乎没人会在观看《乡下女人》[1]或《委曲求全》[2]的演出时，紧紧按着根破裂的血管给抬出剧院。

桑多·费伦齐承认优越论的力量，但也认为，喜剧这一形式能将缺陷与失败包容进来，所以它更为根本。"笑的实质是：我若是那么美中不足，该有多好！而嘲笑的实质却是：我没有美中不足，而是行止无缺，真感到欣慰！……每一次嘲笑的背后，都隐藏着无意识的笑。"[3]此观点认为，嘲弄他人为的是遮蔽如下事实：我们亦享受炫耀自身缺陷的自由。只要无惧世人之诟病，恣意展示自己的愚蠢，便也是乐事一件。所以，在柏拉图的《理想国》中，苏格拉底这个哲学上的巧言诡辩之士指出，若他人沉迷其中的荒唐嬉乐，我辈亦心向往之，观看这类场景时，我们便觉得颇为享受。事实上，对这类人轻松自在的生活，我们也甚为憎恶；这也多少解释了为什么我们尽管心有同好，仍对他们嗤之以鼻。可即便如此，嘲笑愚人的同时，我们也报以同情，一个原因是，他的蠢行赋予我们心

1　《乡下女人》(The Country Wife, 1675)：英国剧作家威廉·威彻利（William Wycherley, 1641—1716）的作品。

2　《委曲求全》(She Stoops to Conquer, 1773)：英国小说家、剧作家哥尔德斯密斯的剧作。

3　桑多·费伦齐：《对精神分析问题与方法的最后贡献》(Final Contributions to the Problems and Methods of Psychoanalysis, London, 1955)，第 73 页。——原注

理代入的机会，从而缓解了精神压力。

在 BBC 电台早期，有位制作人曾致信一位默默无闻的国教牧师，请他为复活节致布道辞。他没忘说费用是五英镑。牧师回信说，他乐意为之，并随信附上了五英镑。我们若是倨傲地笑他天真，便也会同情他的天真。未遇挑战的自我优哉游哉，不再感到突出自己的必要，甚至可能做到自陈弱点。与任何傲慢地表现道德弱点的方式一样，奥斯卡·王尔德的名言"除了诱惑，我什么都能抵抗"，令我们暂时解除了通常竖起以掩盖缺点的防御措施。正是这头脑的放松令我们莞尔。可即使这样，那些无法体面地掩藏污点，反而将它们摆出来，像化脓的伤口一样炫耀的人，不但令人讥笑，也让人避而远之。我们坚决与之保持距离，同时也替他们捏把汗。或许，他们无耻的自我表现有某种传染能力，令我们冲动到放弃警惕。若说《办公室故事》[1]中小丑般的大卫·布兰特令人尴尬，其原因之一是，我们那更为不堪的婴儿般冲动让自己感到恐惧。然而，眼见上述冲动赤裸裸地搬上屏幕，我们虽然不禁惊愕，暗地里却甚为开心。同样的，目睹布兰特膨胀的自我令他无法认识到自己的愚昧昏聩，我们也暗自艳羡不已。

优越论指出，我们因他人的缺陷而笑，此言不谬；

---

1 《办公室故事》（The Office）：BBC 在 2001—2003 年间播出的著名系列情景喜剧（电视剧），其中办公室主任大卫·布兰特（David Brent）由英国著名喜剧演员和导演瑞奇·热维斯（Ricky Gervais）扮演。

但它错就错在自以为是地认为，这笑的原因很简单：因为我们喜欢鄙视他人。尽管如此，大量的幽默无疑带有侮辱与诋毁。马伏里奥的烦扰几近残忍，令莎士比亚的《第十二夜》险些丧失其欢乐的气氛。夏洛克[1]施虐狂般的虐待行为也达到了同样的效果。有些笑话是讥讽女性的，比如下面这段对女性上帝创造世界的描述："黑暗笼罩着大地。上帝说，'要有光'，于是有了光。于是上帝说：'且慢，能再瞧一眼黑暗吗？'"对此，女性主义者也许会做出如此恰当的反击，"阴茎另一头那个没用的东西叫什么？——男人。"这个答案味同嚼蜡。下述问题的回答同样枯燥乏味："你们把开飞机的黑人叫什么？""能叫什么？叫飞行员。你个种族主义杂种！"

众所周知，对于讽刺自己的笑话，爱尔兰人是津津乐道的（比如"凯里男人[2]前戏时忙些个啥？""准备好哈，布丽基德"），而犹太人一听到讥讽他们的小故事，便迫不及待地讲给别人听，比如暴雨云逼近时，戈德堡先生给困在瑞士的一座山上。一个由搜救专家、医护人员、搜救犬组成的红十字救援队焦急地搜寻着他。"戈德堡先生！"他们的呼喊声穿透了迷雾，"您在哪儿？我们是红十字会的。"这时，隐隐传来一声回应："我捐过钱了呀！"还是这位戈德堡先生，与他成年的儿子在河边散步，后者不慎失足落水。戈德堡先

1　夏洛克（Shylock）：莎士比亚剧作《威尼斯商人》中的犹太富商，只要不多不少"一磅肉"的那位施虐狂。

2　凯里男人（Kerryman）：爱尔兰凯里郡（County Kerry）男人，此处泛指爱尔兰男人。

生高呼道："救人啊！我的律师儿子落水了！"抑或想想那则笑话，讲的是精神错乱的好处：第一，自己的复活节彩蛋自己藏；第二，即使是已婚，也能每天更换性伴侣；第三，自己的复活节彩蛋自己藏。有一幅漫画，画的是一群游行抗议的养老金领取者，他们高声嚷着："我们要什么？""我们要什么？"上述笑话均出于善意，没打算侮辱人，不过二者间的界线并不总是清晰。这样的笑话也许真是在挑衅，然而却不肯承认；遭人笑话的想反击，却怕人家说自己不懂幽默。（"开个玩笑嘛！"）陷嘲讽对象于这般尴尬境地，也许正是这笑话的一个可笑之处。

格劳乔·马克斯[1] 那句不朽的讽言，"我不愿加入一个接纳我这种人的俱乐部"证明，自觉比自己优越是可能的。托马斯·霍布斯断定，自己所笑的，总是过去那个不堪的自己，但格劳乔的笑话并非如此。[2] 他那句话既抬高自己，也贬低自己，在上的自我与在下的自我保持距离，以示鄙夷。不愿与自己这类人为伍，显出一定的品味，可这品味是他这种人极度缺乏的。这笑话令人感到心酸，不仅因为叙述者妄自菲薄，也因为他超越自我的微弱努力。然而，妄自菲薄也许是种生存策略；不止对格劳乔这样的犹太人，对一般人来说，也是如此。称自己一文不值，或许是明摆着告

---

1 格劳乔·马克斯（Groucho Marx，1890—1977）：美国喜剧演员、编剧、导演。
2 约翰·利皮特（John Lippitt）：《幽默》（Humour），收于大卫·E. 库珀（David E. Cooper）编：《美学指南》（A Companion to Aesthetics，Oxford, 1992），第201页。——原注

诉人家，自己命贱，犯不着动手来取。杀你的人到头来只会自降身份，丢人现眼，而你是出于好心，不希望他们搞得灰头土脸。将别人对自己的蔑视拿来炫耀，或许真能打消人家害你的念头。这样看来，自轻自贱类幽默所表现出的恭顺，是为了摆脱屈从地位而采取的一种策略。若自我做得到低眉顺眼、畏畏缩缩，也许便能逃脱超我严苛的斥责。至少，豁得出去调侃自己，算得上世事洞明、能屈能伸了。能坦然地承认自己平庸，便是对平庸的超越。示弱以为攻。[1] 英国人尤长于示弱。据云，他们性格温和，不喜革命。有人道，即便哪天决定靠右行车，他们也不会立刻移过去，而是一点一点地挪；由此可见一斑。

正统喜剧观认为，喜剧所表现的，是人的脆弱性和有限性对其高贵追求的威胁。阿莲卡·祖潘季奇对此不以为然。斯拉沃热·齐泽克在《绝对反弹》一书中也支持她的看法。[2] 相反，对齐泽克与祖潘季奇而言，喜剧艺术涉及的不是有限性，而是一种奇特的永恒性，类似于卡通人物具有的能力：任它是何等毁灭性灾难，都能安然渡劫。从陡峭的高处跌落，拍拍身上的尘土，蹦起来继续追击。然而，这种喜剧观与前述的脆弱−有限观并不完全抵牾。恰恰相反，正是愚人卑微的地位、自身的缺陷、对宏大理想主义的驳斥，赋予了他一种

---

1 原文是法语 "Qui s'accuse, s'excuse"，改自法语成语 "Qui s'excuse s'accuse"（以攻为守）。
2 斯拉沃热·齐泽克：《绝对反弹》(*Absolute Recoil*, London, 2014)，第 334 页。——原注

怪异的永恒性。人潦倒至极的时候，反而会生出一种奇特的感觉：自己是不可战胜的。仿佛冷静地意识到生命的有限，反而赋予人以智慧，从而超越生命的有限。能够智胜死亡的，恰是不起眼的小人物；而高高在上的大人物，却一手导演着自己的覆灭。众所周知，有种文学体裁，描写的正是最终导致自我毁灭的狂傲，它就是悲剧。唯有意义空白的物质才会永生不灭；它们像死亡冲动般无视一切、百折不挠，正如巴赫金式狂欢中那永不寂灭的芸芸众生。

由此可见，我们所说的并非精神不朽，而是生物意义上的永恒。只需再瞧一眼《等待戈多》，便会看清这点。弗拉第米尔与埃斯特拉贡无法上吊以了此残生，因为他们难以想象自己的死亡。二人不足以做到这点，盖因其生命虚弱而苍白。于他们而言，"停止存在"这一形而上学的深奥问题，根本无从理解。他们甚至都下不了自我了断的决心，因为要消灭自我意志，需要意志做出艰难的决断。这部戏里没有死亡；总体上看，贝克特的作品不涉及死亡。取而代之的，只是身体与道德持久的瓦解与崩溃。这个过程庸常乏味，难以察觉，因而带不来任何确定性，比方说最终的结局。剧中人物作为主体过于孱弱，甚至无力承担自己的有限性，因此成为古典悲剧主人公的对立面。悲剧英雄能够不受约束地应对自身的死亡与失败，从而超越了自己的有限性，用时间的破烂儿[1]编织出某种永恒的宝物。与之相反，滑稽角色获得的不是不朽，而是不死，也就是说无限生存。他就那么活着，活着。对某些人来说，这种被黑格尔称为"糟糕"的无限状态令人窥到了地狱的模样。

优越论不能解释一个事实，即某些部落社会中，在所谓的各类"玩笑关系"里，辱骂也许是表达友谊的一种形式。它们的作用，在于展示人与人之间关系所具有的弹性。这种弹性使人能够很好地承受讽言讥语。这个理论却也忽视了一个区别：是笑话别人，还是因别人的笑话而笑。即便笑话本身意在冒犯他人（这个观点大可值得怀疑），但我们与讲笑话的喜剧演员之间的关系，不仅仅是携起手来对他人嗤之以鼻。之所以开人家的玩笑，也许是因为我们很享受彼此间融洽沟通的感觉，即便笑话本身碰巧有贬损之意。包含此种关系的幽默不可能仅仅传达优越感。这种融洽的关系着实来之不易。许多男女全无见识，听鲍勃·霍普[2]插科打诨，便咯咯发笑。其实，若尚有观众觉得此人还有点儿意思，他们为人一定极为宽厚。制造这类幽默，只需华而不实的风格和一帮收入颇丰的编剧就够了。然而，有些喜剧演员与前者迥然不同，

1　原文是 "rags of time"，语出英国玄学诗人约翰·邓恩（John Donne）诗作《日出》（*The Sunne Rising*）："Love, all alike, no season knows nor clime, /Nor hours, days, months, which are the rags of time." 王佐良先生的译文为："爱情可不懂季节与气候，/不知月、日、钟头，那都是时间的破烂。"

2　鲍勃·霍普（Bob Hope，1903—2003）：生于英国的美国演员、主持人、制作人。

比如托尼·汉考克、埃里克·莫克姆或弗兰基·豪尔德，再比如拉里·戴维、艾迪·伊泽德、瑞奇·热维斯或斯蒂夫·库根[1]。在所有这些人那里，幽默不仅来自那个舞台上的笑话，也源于某种生活方式、某种观察方式或者某个古怪人物。值得注意的还有，即便戴维、热维斯与库根这几位喜剧演员将自己扮作嘲弄的对象，滑稽的言行令我们忍俊不禁，但我们的快乐总是部分来自他们高超的表演，因此对他们绝不只是嘲笑那么简单。在此，不免让人想起塞缪尔·约翰逊那睿智的提醒：观众从未忘记，他们是坐在剧院里的。

像弗兰基·豪尔德这类喜剧演员，其诙谐幽默有时来自元评论，即持续嘲弄脚本、观众、自己的表演、同行的表演，等等。按常理，观众不把台上之人当作表演者，权当他的话语是自然而发，而非遵照脚本，且与其他演员的互动皆非虚构。豪尔德的做法让我们得以放松，不必做此假设。我们心里清楚，台上之人都在演戏；我们就是前述约翰逊所指的观众。然而尽管如此，小说和戏剧若想达到艺术效果，依然要求暂时压制住这实情；而当压制的努力不再需要时，节省下来的能量便可用于笑。布莱希特式间离效果的产生，要求演员通过特意的"舞台化"表演，表明自己并非真实生活中的个体，而是个表演者。这种模式也使我

---

1 托尼·汉考克（Tony Hancock）、埃里克·莫克姆（Eric Morecambe）、弗兰基·豪尔德（Frankie Howerd）、拉里·戴维（Larry David）、艾迪·伊泽德（Eddie Izzard）、瑞奇·热维斯（Ricky Gervais）、斯蒂夫·库根（Steve Coogan），均为英美著名喜剧演员，有的还是作家、编剧、制作人。

们能够节省能量。然而，就布莱希特而言，节省下的能量并未用于发笑，而是投入了一个对戏剧活动进行批判性反思的过程。

即便我们对可笑的言行确有所反应，它也常常是模棱两可的。在《约瑟夫·安德鲁斯》这部作品中，小说家亨利·菲尔丁对道德实践尤感兴味，因为，在这弱肉强食的世界里，好心肠与易受骗很难厘清界限。若要对付周围猖獗肆虐的腐败堕落，道德高尚者首先便要对它们有所体验。那么，又如何能出淤泥而不染呢？再说了，难道他们的天真不该为激起他人的邪恶负一定责任吗？因此，谴责败坏道德、毁损伦常之辈的同时，对傻里傻气、不谙世事的恶行受害者，菲尔丁的小说也是冷嘲热讽。但这并不是说，对清白无辜的他们，这些作品并无赞美之意。天真的人固然可笑，但亦颇有感人之处，至少比那老脸厚皮的强出不少。我们笑那笨拙而轻信之人，不光是因为瞧不上他们，还因为赞美他们的诚实，即便那诚实荒唐到不食人间烟火的地步；另外，我们之所以开心，也因为他们构不成任何威胁。雅克·拉康评论道：一个人有缺陷，我们才会爱他（她）；我们笑他（她），只因其缺点即我们的缺点，而不是因为，我们的完整突显了他（她）的缺陷。乔治·梅瑞狄斯有些过于宽容地写到喜剧与蔑视无涉。他断言，揭露男人女人的愚昧时，你对他们的爱不能减少半分；你讽刺谁，就要给谁一些抚慰。[1]

优越论就语言的地位提出了几个有趣的问题。如果笑话是语言而非身体攻击，那么其火药味是减弱了还是加强了？鼻子挨一拳，给人骂一通，哪个更好些？或者还是信那句老话：棍棒石头可碎我骨，言语侮辱真伤我心？一句话比一拳头更能毁人事业，毁人清誉，甚至毁人一生。戏谑与笑闹看似无害，但任其发展，终会变为恶毒攻击。然而，对犯下屠杀罪行或致千万人陷入金融灾难的人，何种攻击算得上恶毒呢？语言攻击是不是很像某些动物为避免流血冲突而上演的仪式行为？或者，语言攻击也是潜在的流血冲突，足以致命？莎士比亚的哈姆雷特认为语言仅是无意义的记号，但在莎翁的某些剧中，君主一言，足以令人头落地。话语只是气息的流动，但却能掐断气息的流动。语言不过是符号，怎会同时又是实在的力量呢？

所幸，除恶意与怨毒外，幽默所含尚多；接下来我们继续探讨。

---

1 乔治·梅瑞狄斯：《喜剧随笔》，第 121 页。——原注

第三章　失谐

　　除上文已经介绍过的，幽默理论尚有多种，比如游戏说、冲突论、矛盾论、性情说、控制论、格式塔理论、皮亚杰学说、完形说，等等 [1]。不过，其中几种理论学说究其实质，不过是失谐论的变体，而失谐论对人何以笑的解释，目前为止最具说服力。这一理论认为，幽默源于事物各侧面因失谐而产生的冲突，比如视角的突然转换、意义的意外滑动、显著的失调或差异、暂时的陌生化，诸如此类。[2] 作为暂时的"意义脱轨"[3]，幽默所涉及的，要么是正常思维过程的断裂，要么是规律或常规的破坏。[4] 正如 D. H. 芒罗所说，幽

1　对于这些理论学说的讨论，请参见克里斯多夫·P. 威尔森（Christopher P. Wilson）：《笑话：形式、内容、用途与功能》（*Jokes: Form, Content, Use and Function*, London and New York, NY, 1979）。——原注

2　对该理论的心理学解释请见保罗·E. 麦吉（Paul E. McGhee）：《论失谐幽默的认知来源》（*On the Cognitive Origins of Incongruity Humor*），收于杰弗里·H. 戈尔茨坦（Jeffrey H. Goldstein）与保罗·E. 麦吉主编：《幽默心理学》（*The Psychology of Humor*, New York, NY, and London, 1972）。——原注

3　诺埃尔·卡罗尔（Noël Carroll）：《牛津通识系列：幽默》（*Humour: A Very Short Introduction*, Oxford, 2014），第 28 页。——原注

4　L. W. 克莱恩（L.W. Kline）：《幽默心理》（*The Psychology of Humor*），载于《美国心理杂志》（*American Journal of Psychology*），第 18 卷（1907）。——原注

默打乱了事物的正常秩序。[1]哲学家托马斯·内格尔列举出一系列滑稽事件，如受封爵位时掉了裤子、冲一段录音表白爱意、恶名昭彰的罪犯变成慈善机构的总裁，如此等等，大多是失谐的例证。[2]（托马斯·内格尔或可添加一例：一位美国国务卿虽对一场非法战争负有罪责，却荣获诺贝尔和平奖[3]。这不啻为经典的黑色喜剧。）心理学家告诉我们，目睹失谐场景，即便是不到两岁的幼儿都会发笑。[4]人最早遇到的失谐之一便是躲猫猫，几个月大的婴儿见到一张脸突然出现又瞬间消失，都会忍俊不禁。弗洛伊德坚称，儿童不具备任何幽默感；或许是他搞混了，真正不具幽默感的，是那本乏味透顶的《笑话及其与无意识的关系》的作者[5]。

十八世纪诗人马克·阿肯西得[6]在其名作《想象力的欢愉》中写道：

1　D. H. 芒罗（D.H. Munro）：《笑论》（*Argument of Laughter*, Melbourne, 1951），第40页起。——原注

2　托马斯·内格尔（Thomas Nagel）：《致命的问题》（*Mortal Questions*, Cambridge, 1979），第13页。——原注

3　这位美国国务卿就是基辛格（Henry A. Kissinger），1973年获诺贝尔和平奖。在越战中，此公早先是强硬派，一手策划了1969—1970年间对柬埔寨的轰炸，但1973他参与了与北越停战的巴黎谈判，对结束越战做出了重要贡献，因此获得同年的诺贝尔和平奖。

4　玛丽·K. 罗斯巴特（Mary K. Rothbart）：《失谐，解决问题与笑》（*Incongruity, Problem-Solving and Laughter*），收于安东尼·查普曼（Antony Chapman）与休·C. 伏特（Hugh C. Foot）主编：《幽默与笑：理论，研究与应用》（*Humor and Laughter: Theory, Research and Applications*, London, 1976）。——原注

5　即弗洛伊德自己。

6　马克·阿肯西得（Mark Akenside, 1721—1770）：英国诗人、内科医生，《想象力的欢愉》（*The Pleasures of the Imagination*）是其名作。

> 讥讽之力无论于何处
> 露出她那双目迥异的面容，
> 拼凑之物失谐的形式与执拗的不和
> 都令敏锐的旁观者暗自心惊。[1]

　　十八世纪学者詹姆斯·贝蒂继承了这种认识，在其《诗歌音乐散论》中提出，任何事物若其不同组分性质各异，则会引人发笑；虽然他也坚信，出乎意料的近似也能引发幽默。他坦言，某些形式的失谐感不甚有趣，但究其缘由，是其诙谐感不及其他情感（如怜悯、恐惧、厌恶、艳羡等）强烈之故。此外，失谐感也会逐渐淡化，归于平常，不再令人展颜。贝蒂写道："任何失谐感都会归于习常，与我们达成和解。"[2]再者，失谐感因文化而变，因此"世界诸民族因其衣着行为特别之处而互觉滑稽可笑"。[3]他还认为，有些失谐状态在道德上为人所不齿，却也能悦人耳目，这就像政治不正确的笑话其实相当有趣，或者高超的艺术品隐隐带有令人疑惑的意识形态立场。

　　康德与阿图尔·叔本华均将笑与失谐联系起来。在《判断力批判》中，康德用奇特的笔触写到"思维考察其对象时，若突然从一个立场转向另一个，那么

1　马克·阿肯西得：《想象力的欢愉》（*The Pleasures of Imagination*, Washington, DC, 2000），第100页。——原注

2　詹姆斯·比蒂（James Beattie）：《诗歌音乐散论》（*Essays on Poetry and Music*, Dublin, 1778），第2卷，第366页。——原注

3　詹姆斯·比蒂：《诗歌音乐散论》，第372页。——原注

相应地，我们肠胃具有伸缩性的部分会交替性收紧、放松，并将之传递给腹膜"[1]，结果是，我们的肺将空气以笑的形式排出体外。身体动作与心理活动直接结合，将失谐论与宣泄论连接起来。阿图尔·叔本华的《作为意志与表象的世界》所说的"不和谐"，特指某物的概念与我们对它的感官感知之间的偏差。在可称为幽默认识论的理论中，若将某物归入不恰当的概念中，或者归入其恰当性因视角而变的概念中，荒唐感便油然而生。同时，若将各自相异的事物纳入同一概念中，亦会产生滑稽效果。

这里也可以看到优越感的影子。在阿图尔·叔本华看来，"意志"这个范畴内涵丰富，不但与身体、本能、感知有关，同时也不证自明、不由自主，令人意得志满。他认为，"意志"与"理智"或"理念"始终处于对战状态。"理智"一旦无法应付错综复杂的感官经验，其局限便暂时被打破，幽默便得以产生。因此，喜剧性模式无外乎"愚人"推翻"主人"，只不过发生在认识论层面上。喜剧性代表着低等"意志"对抽象"理念"的暂时胜利，或者借用弗洛伊德的术语，本我战胜了超我。若这一胜利令人欢欣，那么对阿图尔·叔本华与弗洛伊德而言，一个重要的原因是，"理智"一直在限制压抑我们的感官享受。因此，阿图

1　康德：《判断力批判》（*Critique of Judgment*, Cambridge, 2002），第 210 页，引用时对英译文有所改动。（中译者翻译这段话时，参考了康德德语原文，James Creed Meredith 的牛津世界名著版译文，Werner S. Pluhar 的 Hackett 版译文，以及宗白华、邓晓芒、李秋零诸位先生的中译文，一并致谢。）

尔·叔本华说，看到"'理智'这个铁面无情、从不松懈、令人讨厌的家庭女教师"一时间霉运当头，真是令人心下大快。也许可以说，在此意义上，即便他人的窘困不该是开心的理由，一切幽默却都有幸灾乐祸的成分。我们所嘲笑的，恰恰是自己珍视的理性。一个人的不适若能带给我们快乐，那人必是我自己。

维多利亚时代哲学家赫伯特·斯宾塞在一篇论笑的随笔中大力倡导失谐论，不过此前我们已经看到，他同样支持宣泄说。[1] 查尔斯·达尔文声称，引发笑的是"某种失谐情形，或是无从解释却又令人激动的意外之事"[2]，但他也相信，总而言之，我们掩口轻笑时，也带着某种心理优越感。可见，他与许多思考者一样，将两种迥异的幽默假设联系起来。弗洛伊德亦是如此，只不过他所联系的，是宣泄说与失谐论。我们业已看到，弗洛伊德认为幽默源自压抑的撤除，不过他还认为，将互不相配的特征拼合一处，也会产生幽默。比如说在弗洛伊德看来，韵律依据声音将不同词语相连接，因此也是风趣之一种。

在题为《论滑稽》的散文中，拉尔夫·瓦尔多·爱默生将幽默看作理想与现实、理念与实践的冲突，其固有模式便是顿降。他坚称，幽默是对差别的感知。罗

1　赫伯特·斯宾塞：《笑的生理学》（*The Physiology of Laughter*），见《关于教育及相关话题的随笔》（*Essays on Education and Kindred Subjects*, London, 1911），由查尔斯·W. 艾略特作序。——原注

2　查尔斯·达尔文：《人与动物的情感表达》（*The Expression of the Emotions in Man and Animals*, London, 1979），第 200 页。——原注

伯特·L.拉塔认为，幽默来自一系列迅捷的认知转变，导致头脑放松，因此便会生出笑来；然而，他觉得，这等转变未必涉及失谐情况，因此他的观点有别于通行的失谐论。[1] J. Y. T. 格雷格认为，笑源于猝然的震荡，比如说从欢欣跌入痛苦，或者从某种熟悉的理念或情感转到某种陌生的理念或情感。[2] 在《创造的艺术》中，亚瑟·库斯勒[3] 也提出，幽默源自不相称的参照系间的冲突[4]，而约翰·莫雷尔则相信，幽默依赖于感官、概念、感知或情感的突变。[5] 在《格格而入》中，阿莲卡·祖潘季奇发现了喜剧的首要源头，那就是，当我们在相互排斥的阐释间徘徊时，对世界的不同认识拒绝相互契合。她认为，在引发笑声的人类状态中，存在着某种裂痕、谜团或矛盾，乔纳森·斯威夫特的看法也正是如此。斯威夫特的同代人亚历山大·蒲柏写到人性充满荣耀、谐谑与谜团，且谐谑的由来正是那谜团。

　　滑稽性失谐具有悠久的历史。在《圣经·创世记》中，亚伯拉罕从上帝那儿得知自己将老来得子，于是

1　罗伯特·L.拉塔（Robert L. Latta）:《幽默的基本过程》(*The Basic Humor Process*, Berlin and New York, NY, 1999)，第39—40页。——原注

2　J. Y. T. 格雷格（J.Y.T. Greig）:《笑与喜剧的心理学》(*The Psychology of Laughter and Comedy*, New York, NY, 1923)，第23—27页。——原注

3　亚瑟·库斯勒（Arthur Koestler, 1905—1983）: 匈牙利裔英籍作家。他的作品关注政治和哲学问题。《中午的黑暗》(*Darkness at Noon*)（1941）是他最重要和最受欢迎的作品。

4　亚瑟·库斯勒:《创造的艺术》(*The Act of Creation*, London, 1965)，第45页。——原注

5　约翰·莫雷尔（John Morreall）:《严肃看幽默》(*Taking Humor Seriously*, Albany, NY, 1983)，第5章。——原注

俯卧在地纵声大笑。他给儿子取名以撒，意为"笑者"，仿佛这孩子给自身存在的绝对荒谬性逗笑了。亚伯拉罕的老妻撒拉也觉得高龄怀孕的前景颇为好笑。尽管有庄严的《圣经》为证，失谐论也并非无懈可击。维多利亚时代的作家亚历山大·贝恩指出，并非所有的失谐状态都令人忍俊不禁；持此观点者不在少数。亚历山大·贝恩举"五月雪"为例；当然还有更滑稽的，比如"法律掌握在大众手中"，而他却认为，这种情况让人无心开怀大笑。[1] 迈克尔·克拉克试图解决这个问题。他声称，我们觉得某些失谐状态滑稽有趣，为我们带来快乐，不是因为我们别有动机，而是因为它们本身就妙趣横生。[2] 比如超现实主义并不有趣，因为其动机是扰人心智，而不是以为荒谬而狂欢为目的。然而，大可以将"五月雪"这一概念当作其本身的目的，且不论这话是何意思，反正这样做不会让"五月雪"变成一个诙谐幽默的说法。（但无论怎样，与 1875 年亚历山大·贝恩著书时相比，如今，更多的生态因素令这反常的天气不再那么突兀。一时一地的失谐现象，待时过境迁后，便未必如此那般了。）迈克尔·克拉克断言，失谐是幽默的必要条件，但非充分条件，不过此论断也大可质疑。与他看法相反的

1　亚历山大·贝恩：《情感与意志》（*The Emotions and the Will*，London, 1875），第 282—283 页。——原注

2　迈克尔·克拉克（Michael Clark）：《幽默与失谐》（*Humor and Incongruity*），收于约翰·莫雷尔编：《笑与幽默的哲学》（*The Philosophy of Laughter and Humor*，New York, NY, 1987）。——原注

是，失谐作为条件或许既不必要也不充分；说它不必要，概因某些形式的幽默并不包含明显的失谐；说它不充分，概因并非此类失配都能激起笑声。某些种类的失谐要么令人心惊，要么惹人憎恶，不是坏人兴致，就是无聊透顶。你若陡然间再长出第二个脑袋，可不大会逗得亲朋好友咯咯大笑。

该理论的另一个问题是，"失谐"概念颇具弹性，只要稍动动脑筋，便能让它涵盖多种情况。至于此概念是具备惊人的能力呢，还是稍加伸展便一无可用，读者诸君可先看随后的讨论，然后再自行定夺。比如这个饶有趣味的故事：摩西下得西奈山，腋下夹着刻有戒律的石板。他冲围聚过来的以色列人朗声叫道："我把戒律砍到了十条，可通奸罪却没能去掉！"在这里，摩西成了工会官员，为了那些满腹牢骚的基层会员，与上帝讨价还价。传统身份与此处身份的悬殊造就了滑稽感。然而，这种失谐感与最近皇家海军那则宣告中的失谐感截然不同。在一艘新军舰上，传统的架子床换成了单人床与单人间，于是海军方面骄傲地宣称，唯有这艘战舰上的水手是睡在自己床上的。

再看看"二战"时一位英军军官遇到的趣事。他命令一位廓尔喀[1]中士指挥其手下从一千英尺高空跳

1　廓尔喀（Gurkha）：尼泊尔一部落，位于首都加德满都西北，起源于十四世纪的北印度月亮族契托尔王朝，相信自己是月亮所生。近代廓尔喀人英勇善战的形象，主要来自英军的廓尔喀部队。这支部队在十九世纪初被英国征召加入驻印度英军，之后逐渐演化为英军的一支常备部队。他们在第二次世界大战及马尔维纳斯群岛战争等二十世纪的战役中都有不俗的表现。

下。中士跟部下商量后，回来跟军官说，他们认为这么跳太危险。不过，他们准备好从五百米高空跳下去。一见这帮以勇武著称的士兵显然给吓破了胆，这军官甚为惊愕，他告诫那位中士，若是五百米，便来不及打开降落伞。中士问道："哦，你是说我们有降落伞啊？"此处，失谐感不但围绕着双方会错意，也围绕着廓尔喀人那奇怪的决定：从一个高度纵身跳下可以接受，从另一个就不行，虽然结果都是当场丧命。

再来看看下面这段简短的对话：

> 甲：我这就去看那部讲"泰坦尼克号"的电影。
> 乙：哦，那片子很不错的，尤其是最后船沉的那块儿。
> 甲（含讥带讽地）：哦，太谢谢你了！

此处的失谐再明显不过：但凡听说过泰坦尼克号，怎会不知道最让它出名的那件事？或许乙无意间剧透导致的尴尬，与甲荒唐的无知引发的愤慨，都令我们隐隐心生施虐的快感。尴尬，至少是他人的尴尬，混杂了快乐与痛苦。顺便提一句，对泰坦尼克号的无知并非仅限于笑话。我的一位友人曾在贝尔法斯特的泰坦尼克博物馆做讲解员，常有满脸困惑的美国人过来问她，为什么要给一部电影建个博物馆。

意义的快速滑动，视角的迅捷变换，企盼的突然遇阻，凡此种种均会发生在纯语言层面上。比如"公爵夫人说：'公爵今天来得太慢了些[1]'，一边搅动着茶"；在她这句话里，后半部分的出现令我们突然意识到，对前半部分的理解必须修正。下面几则笑话中都有类似的情况。"最初几天是最硬的，那个十多岁的男孩谈起在裸体营地的经历时说"。一个年轻人跟未来的新娘讨论蜜月计划时问："你要新婚套房吗？"她回道："不需要，我紧抓着你的耳朵就行。""你读过马克思吗？""只在我坐下的地方。"[2]有人告诉多萝西·帕克[3]，万圣节的狂欢者们会去咬苹果[4]，她回道："除了一个辅音字母外，这是我一生的真实写照。"[5]文字游戏在这里上升为自我反思。马克斯·伊斯特曼把此种语言上做的文章称为"把一个意思拿给你看，然后突然撤回去"。[6]在这里，失谐渐渐化为文字游戏与意义含混。然而，同反讽一样，意义含混也可单列为一种失谐，因为有两个迥异的意思在差异与同一的关系中冲突激荡。

双关的情况亦相同。双关是滑稽界的最低形式，

1　原文是 "The Duke's a long time coming today"，从字面上乍一看，会以为 "公爵今天来得太慢了些"，可看了后半句，才发现意思是 "今天的红茶泡开得慢了些"，Duke 是一种红茶，所以说此句后半部分颠覆了前半部分。

2　原文是 "Have you read Marx?""Only where I sit down."。这里，后者将前者所说的 "read Marx"（读过马克思著作）误认为 "red marks"（红色的油漆印儿）。

3　多萝西·帕克（Dorothy Parker，1893—1967）：美国著名女作家。

4　万圣节前夜最流行的游戏是 "咬苹果"。游戏时，人们让苹果漂浮在装满水的盆里，然后让孩子们在不用手的条件下用嘴去咬苹果，谁先咬到，谁就是优胜者。

5　原文中，咬苹果的是万圣节的狂欢者们（revelers），而帕克认为自己孤身一人，面对人生中的难题，周围是如万圣节才出来的魑魅魍魉，因此她说那个表示复数的辅音字母 s 要去掉。

6　马克斯·伊斯特曼（Marx Eastman）:《笑的享受》（*The Enjoyment of Laughter*，London, 1937），第 27 页。——原注

比如"一个家伙淹死在一碗水果麦片里，一颗很有力的黑加仑把他拽了下去"[1]。即便是如此牵强的构思，也让头脑暂时得以随心所欲，正如康德的艺术理论所说，头脑可以欣赏意义之巧合所创造的关系，欣赏二词合为一或一词分为二的机巧，欣赏意义突然调整所带来的海阔天空与自由驰骋的感觉。我们离开理性认知的严谨，转入摆脱因果逻辑或非矛盾律的状态，以纯粹欣赏的眼光，审视荒唐或矛盾的言行。我们不再受限于那条公理，即万物皆是自身，而非他物。这一限制的放松，或以笑的形式表现出来。若说自我专注于统一性、同一性、单义性，本我则钟爱断片与碎块、胡言与妄语、部分之客体、繁多之形态、迥异之样式，而所有这一切，在自我的眼中，都注定显得不协调、太荒谬；如果自我不慎踏入这等怪异的世界，笑话便随之而生。现实原则本质上就是将其他可能性拒于门外，令头脑保持专注，而幽默的本性是敞开大门，让所有可能性蜂拥而入。

有时，一词之力便足以令期待落空。这是人们熟知的一种失谐情形。比如奥斯卡·王尔德曾说，"过度才是真成功"[2]；他还曾抱怨道，"我时刻担心会不被误解"。[3]下面这句话也是王尔德式的机智调侃："如今的

1　原文中，黑加仑（currant）与湍流（current）发音相同，双关即在于此。

2　王尔德说："Moderation is a fatal thing. Nothing succeeds like excess."他想表达的是，适度与节制是致命的，要想成功，就要走极端，敢越界，超极限。英文谚语说，"Nothing succeeds like success"，而王尔德将 success 换成形态相近的 excess，打破了惯常，也出乎读者意料。

3　通常人们担心会被误解，王尔德则反其道而行之，令读者措手不及。

年轻人毫不尊重染发之人”，而一切的关窍都在于“染发之人”一词[1]。下面是弗洛伊德式口误的一例：嘴里说着一件事，心里想着一个妈[2]。十九世纪末诗人欧内斯特·道森[3]曾宣称，苦艾酒让荡妇也生出柔情来。以嗜酒如命著称的剧作家布伦丹·贝汉称自己是写作成瘾的酒徒[4]。上述例子中，不论是一个词还是一个词组，其意义都偏离了我们惯常的期待。语言同时在位又失位，我们被迫拿着正统意义，去和扭曲的语义较量。多萝西·帕克的谑语“横跨大西洋的航程太难熬，我的肚子唯一能承受的是那位大副”即是贴切的例证。在过去，有时公共场合的垃圾桶上会写着“垃圾投入此桶”，但“refuse”一词重音不同，这句话的意思也就不同[5]。居然有人郑重其事地告诫我们，别让自己给塞进垃圾桶里，这着实荒唐可笑；此外，这则官方告

1　王尔德的原话是："The youth of today are quite monstrous; they have absolutely no respect for dyed hair." 伊格尔顿在引用时对原话有所改变（是有意为之，还是记忆有误，不得而知）。这句话的关键反转就在 dyed hair 这最后一个词组上。读者顺着王尔德的话看下去，会以为说话者是中老年，在抱怨年轻人对长辈不尊重，这符合惯常逻辑。但在最后，中老年的灰白头发突然成了染得五颜六色的头发，令人大跌眼镜。这句话的隐含之意也许是，中老年人也痛恨染发，也许也是 monstrous。关于这句话的解释，请见约翰·莫雷尔：《哲学与宗教》（*Philosophy and Religion*），收于维克多·拉斯金编：《幽默研究基础读本》，第 223 页，或罗伯特·L. 拉塔：《幽默的基本过程》，第 61 页。

2　原文是 "A Freudian slip is when you say one thing and mean a mother"。这句话中，由于口误，把 "another" 说成了 "a mother"。同时也在暗讽弗洛伊德所谓的"恋母情结"。

3　欧内斯特·道森（Ernest Dawson, 1867—1900）：英国十九世纪末颓废派诗人。

4　通常我们说"嗜酒成瘾的作家"（a writer with a drinking problem），而贝汉反其道而行之，说自己是"写作成瘾的酒徒"（a drinker with a writing problem），产生一种诙谐的效果。

5　原文是 "Refuse To Be Put In This Basket"。"refuse" 一词多词性且多意：表示"拒绝"时是动词，重音在第二个音节上；若在第一个音节上，则为名词，意为"垃圾"。若将 refuse 当作动词，这句话的意思是"拒绝被放进垃圾桶"。

示虽有些许威吓的口吻，却一时被剥去了权威的外衣，使其尽显愚蠢之态，令我们不禁莞尔。如此这般，失谐感与优越感携手一处。然而，也许我们始终可以说，差异与失谐并非一回事。后者含有不恰当、不匹配、不调和的意思，但差异并不一定如此。

说到单个儿词汇，便让人想起那个走进医院要求阉割的人。医务人员劝他放弃这个变态的愿望未果，于是最终妥协，做了一台漫长的手术，切除了他的睾丸。病人坐轮椅回到病房，麻药失效后，他问邻床的病友在等什么手术。"切包皮。"那人答道。这位刚遭阉割的病人懊恼地猛拍前额，大声叫道："对哦，应该是这个词才对呀！"这个笑话无疑令男性局促不安，而女性的反应会温和一些。别的且不说，它起码证明了，程度差异也是一种失谐。

亚里士多德在《修辞学》中称，对某种语言表达的期待若遭颠覆，便生出幽默来；西塞罗则在论演说术的著作中说，所言之事并非所期待的，是最为习见的笑话。由于这小小的逻辑断裂，笑意才浮现在脸上。只需变更标点符号，所欲之意则会发生滑稽的改变。一位 BBC 电台板球评论员曾宣布："击球手是霍尔丁，投球手是威利。"他万万没有想到，去掉那个逗号，这句话的意思便发生了翻天覆地的变化[1]，甚至语气的变化都能标志着视角的突然倒换。例如有个男人，别人

---

[1] 变为"击球手正抓着投球手的鸡鸡"，因为 Holding（霍尔丁）有"抓着"的意思，而 Willey（威利）与 Willy（温和或儿童用语，指男性性器官）谐音。

跟他说双重否定等于肯定，而反之却不亦然；闻听此言他很不耐烦地回应道"是，是"[1]，以表示他的怀疑。伍迪·艾伦的大量笑话都基于失谐感：

> "毫无疑问，存在着一个隐秘的世界。可问题是，它离市中心有多远，又开到多晚？"
>
> "干一番大事业，博得不朽的名声，我可没想过。我只是想啊，能在自己的公寓里一天天熬下去，熬到天荒地老。"
>
> "不但是上帝不存在，就连管子工也一样不存在，不信你周末找个来给我看看。"

塞缪尔·贝克特在《马龙之死》中写道："窃贼之一得救了[2]。真是一个慷慨的百分比。"这是阴郁的诙谐，因为神学话语与会计语言并置，前者的严肃性因后者的亵渎而大打折扣。在此意义上，一高一低两个极端状态被绑在一起，因此，不论是顿降还是揭露真相，都是一种失谐。此外，偏离常规也可列为失谐之一种，因为破坏规则会令人想起规则，从而直面二者间的张力。实际上，"幽默"一词原指性情反常之人。人们嘲笑畸形之人，也许并非或绝非出于优越感，而是因为畸形意味着失谐。我们笑那奇人异事，因为

---

1 原文是"yeah, yeah"，是不耐烦的表示，两个肯定词，其实际效果是否定的。
2 原文是"One of the thieves [on Calvary] was saved"。这里用的是耶稣被钉十字架的典故。当时他左右两侧各有一个十字架，钉着两个窃贼，一个因忏悔得救。髑髅地（Calvary）乃耶稣受难之地，是耶路撒冷附近的一座山。

他们打破了世俗期待。亨利·柏格森认为，此等反常的人与事不应受到推崇，而应加以纠正；由此，他将优越论与失谐说结合起来。在他看来，幽默竭力讥讽社会生活中的偏畸行为，而这些行为可看作失谐的表现形式，因为它们意味着与社会常俗格格不入。亨利·柏格森本人的机体论哲学建立在分裂、冲突之事的结合上，与前述观点截然相反。

此类偏狭执拗还有一种样式，那便是偏执狂。为何阿图尔·叔本华没完没了的阴郁这般滑稽？并不是因为他的世界观有任何愉悦功能，而是因为他不顾一切死抓着它，拒绝任何妥协或让步，变态到即便最不可思议的情况也要纳入自己的解释框架，这种做法从理念上来讲，与怪人的行径别无二致。怪人之所以怪，就在于固执地认为，自己就是自己，没有其他身份。过度专一与绝对混乱一样，对于健康的现实感是毁灭性的。在《项狄传》中，传主特里斯特拉姆无力归纳自己的经验，这与其父瓦尔特疯狂地构建体系形成鲜明的对比。

相似与重复也会导致失谐感：本以为包括人类在内的某些现象独一无二，可事实一旦并非如此，我们的预期便会泡汤。前文中那两位哭鼻子的秘书便是绝佳的例证。在另一些例子中，看似单个的人或物，实际却是两个，比如有人咨询一位著名音乐学家，问如何正确读一位作曲家的名字，是"舒伯特"呢，还是

"舒曼"？也许可以断言，在"二为一"的情况下，原本严格区分不同身份的逻辑得以解除，其轻度压抑感也随之消失，从而引发我们的笑，比如笑那些足以乱真的模仿。我们因此便能减少心理能量之消耗，这是因为，若两个迥异的人或事需要同时关注，节省则无从谈起。

亨利·柏格森认为，重复导致机械化，带有"一条胡同走到黑"的味道。盲目地重复而不是创造性地行动，这是多种神经官能症的表现，其滑稽之处与偏执狂类同。模仿或摹仿有时颇为滑稽，那是因为它们在重复，暗示迥异的事物间存在着同一性。然而，当哑剧、戏仿或曲折的反讽的演绎体现出高超的技巧时，我们也会报以微笑，因为它不同于失谐的享受。我们体会到的欣喜虽不强烈，却是观看炉火纯青的表演时常有的感受。这种体验加强了喜剧效果。此外，精湛的表演令我们得以轻松地欣赏，而拙劣的表演则会劳心费神。若论到仿效他人，则亦有轻微的挑衅含于其中："你瞧，我扮演的你跟你分毫不差，也许比你还像。你又有什么特别的呢！"

若说相似之事有滑稽之处，有时甚至带些诡异，那独特之事 [1] 亦是如此。且看，"特别" [2] 一词不但指特定或特殊，也有古怪、离奇、异常之意。遇到极不相称的物体时，人的分类冲动便会束手无策。不仅如此，

1　原文是"sui generis"。
2　原文是"peculiar"。

某些事物拒绝分类，还有一些像狄更斯笔下某些怪人那样特立独行，令人颇为头痛；此二者都会令此种冲动遭到挫败。完全自我同一之人或物不但神秘，甚至扰人心神。"幽默"一词最早指的就是这种个人的独特之处；下文中我们会看到，在英国文化中，它的角色无可比拟。去"幽默"[1]某人，意味着宽容其怪念头与小缺点；这一行为也许是令人钦佩的仁德之举。可是反过来想，男人女人若不是这般软弱和愚蠢，原本无须受此宽厚的待遇。由此看来，"幽默之举"[2]在轻看人性的同时，也代表了人性中值得褒扬的东西。

再来说另一类失谐现象，那就是陌生化，即通常意义与其曲折内涵之间的矛盾关系。爱尔兰作家弗兰·奥布莱恩所著《陈词滥调教义问答》[3]为陌生化提供了丰富的例证[4]：

> 哪样无须配给的便宜商品据称比其拥有者更具价值？——他的盐（风趣）[5]。
>
> 人有时会戴上什么[6]？——最可靠的消息。

1　"humour"作为动词，意为"迁就、顺应"。

2　此处亦是"humour"的动词意义。

3　实为其所著《迈尔斯选粹》（The Best of Myles）的第十一部分，该书收集了奥布莱恩为其在《爱尔兰时报》上的个人专栏 Cruiskeen Lawn 所写的文章。

4　弗兰·奥布莱恩：《迈尔斯选粹》（London, 1993），第 211 页起。——原注

5　此处利用了 salt 的多义性，从作为商品的"盐"，到作为性格的"风趣"，很好地证明了伊格尔顿的观点。

6　原文是："What does one sometimes have it on? –The most unimpeachable authority"。此处利用了"have it on"的多义性，从"戴上它（比如帽子）"到"据最权威的消息（have it on the highest authority）"。

在瑞士产的哪样商品上会不断发现疑病者、偏执狂这类人？——在手表上。[1]

我吃惊地问，让我这么做，那你自己干什么？——我打算站在这儿。[2]

必须将所有事实带进哪里？——考虑。[3]

若是有大量的金钱，那该怎么数呢？——就看能富余出多少可以烧着玩儿。[4]

你比谁一点儿都不差？——下一个人。[5]

哪样东西虽说绝不存在，却常听人说它还在那儿？——就是那句常常还未说出口的"没什么了"。

陷入混乱的会议该在哪个方向上破裂？——解散。[6]

我用几根窄长的织物能对他做什么？——让人窃听他。[7]

1　原文是 "On what article manufactured in Switzerland are hypochondriacs , paranoiacs and the like continually to be found? –The watch"。这里作者在 on the watch（小心提防）上做文章。

2　原文是 "What (I ask in astonishment) do you do at the same time as you tell me so? –Mean to stand here"。此处利用了 "mean" 的多义性，从 "打算、就想" 到 "卑鄙、刻薄"，可以理解为 "我打算站在这儿"，或者 "站在一边儿看就太不是人了"。

3　原文是 "Into what must all the facts be taken? –Consideration"。这里的问句给人印象要将事实带入一个具体的地方，而回答利用了词组 take into consideration（考虑），将第一句的预期带入一个意想不到的方向。

4　原文是 "How is money measured when there are enormous quantities of it in question? –In relation to the surplus available for incineration"。这里在 "measure" 上做文章，从 "计数" 到 "衡量"。

5　原文是 "Who is one every bit as good as? –The next man"。伊格尔顿的引用似有误，查原书（ *The Best Myles*, Illinois: Dalkey Archive Press, 1999 ）第 216 页，应是 "Whom is one every bit as good as?" "who" 与 "whom" 一字之差，意思就不一样了。此处译文按 whom 的版本译出。

6　原文是 "In what direction does the meeting break in order? –Up"。利用了 "up" 的双重含义。

7　原文是 "What act did I perform in relation to him with long lengths of narrow fabric? –I had him taped"。"窄长的织物" 能做的，照理是捆绑，而作者利用了 "taped" 的多义性，转向了 "窃听" 这个意思。

英国国旗飘扬在学院绿色花园老房子之上的景象会将暖流传递给哪种不为人知的心形贝类？——这番景象让我打心眼里高兴。[1]

坐在屋里玩个无伤大雅的问答游戏，自个儿便能得出些例子来：

必须通过哪两类性质相异的坚持我们才能锲而不舍？——浓稠与稀薄。[2]

哪个关于罗马主教教派归属的修辞问句表达出对于明显之事的讥讽回应？——教皇是天主教徒吗？

为何父母会安排他们过早就寝？——因为他们是疲惫的小泰迪熊。[3]

哪种啮齿类小动物的肛门跟醉酒者一样紧收着？——老鼠。[4]

人们不愿用细长平底船的哪样装备去触碰

1　原文是 "To what obscure cardiac shellfish is heat imparted by the sight of the national flag flying over the Old House in College Green?–It warrums the cockles of my heart"。此处利用了 cockles 的多义性，一方面，该词指"鸟蛤"，另一方面，成语 "warm the cockles of one's heart" 意为"令人感到高兴或满足"。

2　原文是 "Through what mutually contrasting consistencies must one persevere?–Thick and thin"。此处利用了 "consistency" 的多义性，从问句中的一般理解"坚持"，到答句中的"黏稠度"，而且利用了英语成语 "through thick and thin"，意为"不顾艰难险阻 / 赴汤蹈火在所不惜"。

3　问句指向的答案应该是父母想过性生活，才安排孩子早睡。

4　原文是 "As constricted as the anus of which small rodent are the inebriated?–A mouse"。在"醉酒者"与"老鼠肛门"间搭起失谐桥梁的，是 "constricted" 一词。它不仅表示"收紧"，也表示"限制、抑制"。而"老鼠"（mouse）与"嘴"（mouth）也发音近似。所以，"醉酒者"的"嘴"要收紧，要节制，其紧的程度，刚好类比老鼠（mouse/mouth）的肛门，从而造成诙谐的效果。

他？——驳船钩杆。[1]

为了测试一下失谐论，我们来看看三个真实生活中的滑稽场景。我的一位美国朋友是人类学家，有一次，他在爱尔兰西部因超速被交警拦下。警官半个身子探进车窗，给人一种不祥之感。他开口问道："如果撞倒雾先生[2]，你会怎么办？"我的朋友突然间灵光一现，觉得自己是无意间撞到了康尼马拉[3]地区一个消失的部落。该部落常将天气现象拟人化，如阳光大人、冰雹夫人、雷电兄弟，等等。不过他转瞬间便打消了这个念头，心里认定，那位警官不过是摆出副倨傲的派头，于是便尖刻地讽刺道："那我就用脚先生踩刹车先生呗。"闻听此言，那警官诧异地看着他，低吼道："我刚说的是薄雾或大雾。"[4]

再说我的另一位朋友。有一个学期，他去一所西非大学任客座教授，看到校园的草坪上有不少孔雀。时隔几年，他重返该校进行短访，与副校长在校园里漫步时，发现孔雀踪迹皆无。"你们把那些孔雀怎么着了？"他问副校长，接着又小小地打趣道："该不会都吃掉了吧？"副校长冲他板起面孔，回答道："皮科克

---

1 "驳船钩杆"的英文是"bargepole"。英谚有"not touch sb/sth with a bargepole"，意为"决不与……有任何牵扯"。问句中所问的设备就是答句中的钩杆，但问句后半句无厘头的"触碰他"，要靠"钩杆"在成语中的意思来对应了。
2 原文是"Mr. Fog"。
3 康尼马拉（Connemara）位于爱尔兰西部地区。
4 Mr. Fog（雾先生）与 mist or fog（薄雾或大雾），听上去很接近，所以才有此误会。

博士及夫人上个月就返回伦敦了。"[1]

第三件事是我自己亲身所历。我在牛津一家书店里闲逛，看到一排"轻松学"丛书，比如《轻松学德语》《轻松学化学》，诸如此类。书架边上站着一位，在翻看一本《轻松学哲学》，我一瞧认得，是我一位朋友，杰出的牛津大学哲学家。此时不开玩笑更待何时，于是我便悄悄从背后摸上去，在他耳朵边上轻声说："这书是不是有点儿看不懂啊？"他吓了一跳，猛地转过身来，我第一个念头就是，他该不是整了容吧，随即意识到，这个人我不认得，根本就不是我朋友。我赶忙咕哝着道歉，三步并作两步逃出了书店。这下好了，这世上不知在哪儿有这么一个人，认定牛津城里到处都是自诩为精英的讨嫌家伙，一见到陌生人想提高学识，便肆无忌惮地大加讥讽。

上述例子均涉及失谐，不是这种，便是那类。最先数则问答显示意义的冲突；接着是那位警官说出显然不合适的童语；再就是教授与副校长间怪异的误解，一方出于礼貌闲聊几句，另一方大为恼火，觉得自己与同事被暗指为食人族；最后是做出颇为失礼的举动，毫无来由地放肆讥笑一个陌生人。然而，在这数种情况下，产生幽默的驱动力并非失谐感。宣泄论无疑能更好地解释其中的诙谐。我们之所以发笑，是因为能

---

1 原文的第一个问句是 "What have you done with the peacocks?" 教授问的是孔雀，而副校长误以为是 "the Peacocks"，即皮科克一家。作为非洲人，副校长听到教授说是不是吃了皮科克一家，一定是觉得教授认为非洲人即便再有文化，也是食人族，所以面色阴沉，但他很有修养，没有当即发火。

够摆脱正统的桎梏，将自我带入笑话中的角色，放肆地嘲弄权威，恣意地粗暴无礼，肆无忌惮地享受快活。每则笑话都含有施虐或受虐成分：我们甘之若饴的，不仅有他人的苦恼，有时甚至是自己的尴尬，比如说在书店里发生的那件事。目睹他人遭受屈辱，我们既感自得又感心塞，一个原因是它强化了我们孱弱的自我，另一个是我们先前提到的，它使我们得以带入性地放纵自己的脆弱。

值得注意的是，我们觉得好笑的事物，有相当一部分是（借用弗洛伊德的术语）超定的，意味着它们是多种因素的产物。一则笑话也许结合了多种成分：快快乐乐无拘无束的文字游戏，胡言乱语或含混言辞中所含的异乎寻常的概念冲突，从高到低的猛然顿降和对不幸受害者的恶毒敌意，以及其分寸、简洁及讲述技巧给予我们的美感享受。

大量的幽默涉及越轨或偏离行为。随着不同现象间的界线变得模糊，我们得以放松紧绷的分类冲动，由此节省的能量便以笑的形式释放出来。无论是反讽、顿降、双关、文字游戏，还是歧义、失谐、偏离、黑色幽默，抑或是误解、怪诞、失位、相似、偶像破坏，再加上荒谬、失误、骤变、夸张、陌生化、胡言乱语，都概莫能外。当无政府主义小小爆发时，片刻前还似乎自相一致的世界突然间陷入无序，现实原则为了维持秩序与连贯性而必须排除的互不相容的可能性，此刻便不断涌现出来。若任其泛滥，结果可能是严重地迷失方向。因此，欢乐渐渐变味儿，为焦虑所取代。

我把"失谐"纳入了刚刚列举的滑稽手段中，但在某种意义上，它们大多可以归于"失谐"范畴之下。这种情况令人再次心生疑窦：如此宽泛的概念有多大用处？失谐论的另一个软肋是，它重描述而轻说明，告诉我们笑的对象是什么，至于为何笑，却绝口不提。因此，我们需要将失谐论与宣泄说结合起来，而后者正是一种说明事理的尝试。我们业已看到，有的理论家将优越论与失谐说拼合一处，或者将前者与宣泄说嫁接起来，但最有成效的，应该是宣泄与失谐二说的联手。那么，请允许我更为全面地表述一下刚刚提过的观点：在多数情况下，当秩序井然的意义世界瞬间崩溃时，现实原则的钳制得以放松，幽默应运而生。似乎在电光火石间，自我得以放弃严肃与固执，不再强调和谐、连贯、一致、逻辑、线性、单义的能指，也不再逐开反常的意义或无意识的联想，从而使我们在意义多元化的游戏中尽情狂欢，用微笑或扑哧一笑将反抗现实原则而节省的心理能量宣泄出来。值得注意的是，宣泄理论的旗手弗洛伊德其实并未锻造出这样的关联。笑话书吸引他的是人们花费在压制下流、暴力情绪上的心理能量，至于用来维持现实之有序与连贯的无意识努力，却不大引起他的注意。

劳伦斯·斯特恩所著《项狄传》堪称喜剧小说中

的神品，肆无忌惮地将现实原则的崩溃展示得淋漓尽致。斯特恩无法维持叙事的统一性与一致性，究其原因，不仅是无意识一再打断而造成侵扰，也不仅是他凡事都要纳入叙述之中。他的叙事漂浮在文本潜在的无穷性中，从一个精致的离题瞬间转向另一个，从一个时间安排蜻蜓点水般跳到另一个，常常陷入意义过度之中，谈到一件事难免同时扯出六七件来。主人公忠实记录其生活历程的追求越强烈，展示给读者的信息就越多得骇人，令小说不堪重负摇摇欲坠。一段描述引发另一段，继而引发下一段，直到叙事堆积起来，眼看就要撑爆。喜剧现实主义一旦被揭下面具，便显出两个术语间的矛盾；由于现实主义讲究泾渭分明，一是一、二是二，无疑带给人压抑感，这种说一不二的做派与喜剧兼容并蓄的精神格格不入。特里斯特拉姆·项狄装出悉心关怀的样子，表示绝不以操纵修改故事的方式欺骗读者，而实际上，他几乎毫不掩饰自己的施虐倾向，成功地将读者抛入极端混乱之中。现实原则在此种情况下灾难性地崩塌了；它被逼太甚，最后以疯癫告终。这种崩塌具有典型的喜剧性。

人们注意到，在一篇题为《风趣与幽默》的随笔中，十九世纪初评论家威廉·哈兹里特颇具洞察力地将宣泄论与失谐说挂起钩来。他写道："头脑通常认定，事物会按常理依固定流程次序发生；它们一件接一件，按部就班，且每件都具有相应的重要性。"而

"滑稽或诙谐之事突然改变观念的秩序，出人意料地动摇了这种确定性，降低了它原有的强度，给头脑来个措手不及，令它失去防备，一惊之下感受到跃动的欢愉，根本无暇或无意去痛定思痛"。[1]

从实质上看，这是威廉·哈兹里特的前弗洛伊德版心理压抑释放说。他坚持认为，幽默的精髓就在"失谐关系之中，比如两种观念的分歧，或者两种情感的撞击"[2]；突如其来的冲撞或分歧会导致头脑痉挛或断电，其外在表现就是身体抽搐，大笑不止。这种对喜剧性的理解具有反二元论性质，它认为，头脑与身体就像衣袖与衬里般不可分离。他说：

> 由于头脑受到指引而形成某个结论，其结果便立刻破坏了我们观念链条的连续性，因此想象力得以兴奋与放松，加上客体不定的状态给头脑更加生动的印象，于是不等头脑恢复镇定，便互生性地造就了肌肉与神经的兴奋与放松，或者说不规律的抽搐运动，从而形成了笑。我们感觉中的断裂相应地使身体猛烈震动、失去协调。[3]

上文中我们看到，康德也认同这一过程。威廉·哈兹里特还认识到，幽默也可能包含着一个悖论，

1　威廉·哈兹里特：《关于英国幽默作家的讲座》（*Lectures on the English Comic Writers*, London and New York, NY, 1963），第 7 页。——原注

2　威廉·哈兹里特：《关于英国幽默作家的讲座》，第 9 页。——原注

3　威廉·哈兹里特：《关于英国幽默作家的讲座》，第 7 页。——原注

因为对笑的禁止恰恰会激发笑声。正因如此,"我们在诸如布道、葬礼或婚礼时很难绷住不笑"。[1] 心理分析理论清楚地知道,戒律不只会压制欲望,更会激起欲望。它诱人越界,再以僭越为由施以惩罚。

威廉·哈兹里特认为,不该无条件鼓励在不和谐中获得乐趣的行为。他告诫人们:"不论何种失谐情形触动了我们,都不应认为,我们的知觉具备了良好的理解力和敏锐性,而应当由此看到,我们的头脑秉性浮躁轻率、失于严谨,令我们无法在任何两个概念间建立起稳定或恒久的关系。"[2] 文雅风趣是一回事,浮躁轻率就是另一回事了。我们会在下一章中看到,喜剧始终面临一个难题,即如何把握一个度,以防合理的欢乐情绪升级为语言或观念上的无政府行为。

无论失谐说有多大能耐,我们依旧原地踏步,无法解释为何某些不相称的事物令我们莞尔,而另一些却不能。哲学家们所说的"范畴错误"(比如将灵魂想象成无形的身体器官)涉及失谐问题,却很少令人喜笑颜开。同时,我们也未能阐明,有些言语或场景显然不存在不和谐的因素,为何却依然令人感到滑稽。也有笑话虽含有失谐因素,其效果却主要来自辱骂引起的原始乐趣;比如记者克里斯多夫·希钦斯[3] 曾说,乔治·W.布什双眼靠得过近,戴单片眼镜足矣,一副

1　威廉·哈兹里特:《关于英国幽默作家的讲座》,第10页。——原注
2　威廉·哈兹里特:《关于英国幽默作家的讲座》,第27页。——原注
3　克里斯多夫·希钦斯(Christopher Hitchens,1949—2011):美国著名哲学家、记者、小说家、辩论家。

眼镜就浪费了。所以说，幽默尚未交出它所有的秘密，因而，致力于研究它的巨大学术产业会心无旁骛，继续前行。

第四章　幽默与历史

　　古代与中世纪欧洲的统治精英对幽默不大友好。从远古开始，笑便似乎具有阶级性，在文明的乐趣与粗俗的欢笑间强行划出一道清晰的界线。亚里士多德在《尼各马可伦理学》中强调，高贵的幽默有别于低俗的幽默。他赋予风趣以显赫地位，与友谊、诚实并称三大社会美德。具体到风趣的表达方式，则与对反讽的要求如出一辙：必须趣味高雅，尽显知识与学养。柏拉图的《理想国》板起一副严肃的面孔，坚决反对拿公民寻开心，且乐得将喜剧大部分扔给奴隶与外国人。嘲弄会割裂社会生活，谩骂会招致分裂危险。城邦护卫者阶层[1]严禁培养笑的能力，神祇或英雄也不能以笑的形象出现。在《以弗所书》[2]中，圣保罗禁止打趣，或他所说的"玩笑"[3]。然而，圣保罗指的极有可能

1　城邦护卫者阶层（The Guardian class），指的是柏拉图在《理想国》第 2 卷中提到的精英阶层，具备强健、勇敢等美德。

2　M. A. 斯格里奇（M.A. Screech）：《十字架下的笑》（*Laughter at the Foot of the Cross*, London, 1997），第 23 页。（《以弗所书》是《圣经新约》第十册。——译者注）

3　原文是 "eutrapelia"，有"幽默、滑稽"之意，也有诸如"低俗笑话、下流言谈"等贬义。圣保罗的话在《以弗所书》第 5 章，第 4 节，意为"轻薄之辞"。

是污言毁谤的荒唐行为，而绝非亚里士多德赞许的那类彬彬有礼的机智风趣。

巴赫金论道："中世纪的笑仍处于一切官方意识形态之外，也处于一切官方严格规定的社会关系形态之外。凡宗教崇拜、封建与国家仪式及礼仪、任何类型的玄思哲想，均将笑剔除在外。"[1] 我们所知的最古老的修道院规则禁绝玩笑，《本笃规程》也告诫修士不要激起笑声[2]，如若违规，圣高隆邦[3]会以禁食作为惩处。在艾柯的小说《玫瑰之名》中，中世纪教会对喜剧的恐惧引发了谋杀与暴乱。在其《神学大全》中，阿奎那对笑采取了较为宽松的态度，具有典型意义。他建议将幽默看作具有治疗效果的文字或行为游戏，其所追求的无外乎心灵之愉悦。他相信，幽默有助于心灵的慰藉。的确，在他眼里，对幽默敬而远之是种罪恶。对基督教神学而言，笑话带来无目的的欢喜，折射出创世神圣行为之性质。作为一时兴起的无动机行为，它只为自己，不为任何目标所驱动，也不具任何功利目的。世界之创造只是玩闹，不具任何动机。它更像是件艺术品，而不是工业品。

粗暴地质疑幽默，不仅仅出于对轻浮之举的惧怕。究其根本，它反映出人们对有可能发生的失控状态的

1　巴赫金：《拉伯雷和他的世界》，第 73 页。——原注

2　参见《本笃规程》（*The Rule of St Benedict in English*, The Liturgical Press, 1982），第 28 页。

3　圣高隆邦（St Columbanus，543—615）：修道院长、作家，凯尔特教会最伟大的传教士之一，引发了欧洲大陆灵修的复兴。

恐惧，而且这恐惧并不仅限于集体意识层面。柏拉图认为，这正是不加节制的笑可能导致的后果；在他眼中，笑这种自然的身体功能与呕吐、排泄同样可恶。西塞罗为玩笑制定了详尽的规则，且对任何自然迸发的笑声持谨慎态度。笑声中，个人身体突破了原有的桎梏，或许也预示着群体的骚动，而作为一种虚构的、怪诞的、完全阵发性的社会革命，中世纪的狂欢活动与上述荒诞的混乱几近相同，从而证实了柏拉图、西塞罗等人的担忧。市井之人的身体始终处于瓦解的危险之中，它与讲卫生的贵胄那副守规中距、温文尔雅、管理高效的身体形成鲜明的对比。笑还具有人人平等的特征，极具危险性，因为任何人都会笑，不像演奏大号或做外科手术，是少数人才具有的能力。笑无须专门知识、高贵血统或者细致培养的技能。

　　喜剧之所以威胁到最高权力，不仅因为其无政府主义倾向，也因为它对痛苦与死亡这等大事轻描淡写，从而使统治阶级准备好的某些司法手段失去了效力。喜剧能够助长一种无所顾忌、满不在乎的态度，削弱了当权者的控制力。当其以狂欢模式出现时，或许能产生一种诡异的不朽感，以驱散维持社会伦常所需的岌岌可危之感。即便是名著《愚人颂》的作者伊拉斯谟，也曾就学童教育撰文，呼吁提防笑所带有的危险性。该文告诫孩子们，放屁时要缩紧臀部，以免响动过大，或者同时咳嗽几下以掩盖不雅之声。

　　剧作家威廉·康格里夫在《论喜剧中的幽默》一

文中抱怨道，某些惊人的滑稽场景迫使他对自我属性生出贬抑的想法。他自省道，若长时间盯着一只猴子看，便会感到无比羞愧。对文学作品的戏谑模仿、夸张地模仿他人的言行举止、偏离常态的行为，此三者提醒人们，自己所谓的规范其实不堪一击。约瑟夫·艾狄生亦有同感，他在《旁观者》杂志上撰文说，笑是**愚蠢**的女儿，嫁给妄言之子**狂热**为妻，而妄言的母亲是**虚假**[1]。对喜欢咯咯发笑的人来说，这个关系谱算不上令人开心。十八世纪批评家约翰·丹尼斯[2]固执地认为，幽默主要存在于体力劳动者之间。它更多地涉及身体而非头脑，所以在未受教育者中间更易流行，因为他们的理性还未学会压制动物本能。在题为《笑与伤感喜剧之比较》的文章中，奥利弗·哥尔德斯密斯同样将喜剧与卑劣挂钩。最不可思议的是，雪莱居然继承了这种对幽默的偏见；据称他曾在聊天时说，不把笑给灭掉，人类就不能获得完全的重生。[3]就连激进的自由论者都斜着眼看幽默，想想就觉得可怕！

十八世纪哲学家大卫·哈特利[4]毫不犹豫地拒绝"将低俗的类似、影射、对比、巧合等手法应用于庄重严肃的主题上，去引那轻浮之辈恣意大笑，减弱了对

---

1 此处几个名词用黑体表示，因为其原文均首字母大写。这是英国文学的一个传统，用大写将某种性质或行为赋予人格，最著名的例子是班扬的《天路历程》。

2 约翰·丹尼斯（John Dennis，1657—1734）：英国评论家、剧作家，因强调诗歌中激情的重要性与蒲柏长期论战。

3 约翰·莫雷尔编：《笑与幽默的哲学》（The Philosophy of Laughter and Humor），第228页。——原注

4 大卫·哈特利（David Hartley，1705—1757）：英国医生、哲学家，首倡联想主义心理学说。

神圣事物的尊崇之心"。[1] 他坚信，过多的风趣与欢乐会妨碍头脑感受事物的实质，干扰对真理的探究。同样的，维多利亚时代小说家乔治·梅瑞狄斯在幽默中寻找"心灵的丰富，而非喧嚣的罪恶"[2]，他热衷将高雅的笑与那类"粗野"的喜剧区分开来，后者"在酒钵之子[3] 的神圣佑护下肆意吵闹"。[4] 多数喜剧都是低俗可笑的货色，而文学却是高尚的事情；那么，"喜剧文学"在措辞上是自相矛盾的吗？所谓喜剧理论的说法同样是矛盾修辞吗？乔治·梅瑞狄斯告诉我们，高雅的程度可以用"笑声的性质"来衡量。渔妇咯咯大笑，而政治家则低声轻笑。

　　乔治·梅瑞狄斯尽管有着各种刻板，但二十世纪之前，像他这样敢于冒险进入性别领域的幽默理论家并不多见。他断言，很多喜剧都以两性战争为主题，对女性形象的提升起到了至关重要的作用。女性不再是"漂亮的白痴"，而是一跃成为值得赞美的才女。他之所以认为东方缺少喜剧，是因为在他看来，地球上那个区域的女性地位低下。他坚持说，女性没有自由的地方喜剧必定缺席。没有两性平等，就没有真正的文明，而且"文明的禁地绝不会有喜剧"[5]。一旦缺乏这

1　大卫·哈特利：《论风趣与幽默》（*Of Wit and Humour*），摘引于上页注3所列著作第43页。——原注
2　乔治·梅瑞狄斯：《喜剧随笔》，第141页。——原注
3　原文是"Son of the Wine jar"，语出希腊喜剧家阿里斯托芬之《蛙》的开场部分，酒神狄奥倪索斯自称"酒钵之子"（此为张竹明先生之译法；罗念生先生译为"酒杯的儿子"，此处从英文说法，故选前者）
4　乔治·梅瑞狄斯：《喜剧随笔》，第78页。——原注
5　乔治·梅瑞狄斯：《喜剧随笔》，第118页。——原注

样的文明观念，喜剧精神便会"给逐入粗俗的阴沟饮污止渴"[1]。凡女性被贬低为家庭苦力的地方，喜剧的形式往往原始而粗鄙；凡女性相对独立却未受教育的地方，喜剧则沦为情节剧；然而，凡性别平等蔚然成风的地方，喜剧艺术则随之欣欣向荣。

早期现代对喜剧的抗拒大多出现在清教主义的历史中。[2] 然而，人们或许会指出，与最痛恨剧院和大众欢庆的清教徒[3]一样，托马斯·霍布斯那阴郁的喜剧理论对幽默本身也充满敌意。托马斯·霍布斯的理论假设以英国内战中的暴力、敌对、党派纷争为背景，还加上肇始于十七世纪的占有性个人主义。这种面目可憎的观点认为，男人女人既是为权力欲和贪念所驱使的反社会动物，也是你死我活、激烈厮斗的自私而孤寂的生物；就连明摆着单纯无辜的欢乐与笑声，都遭到这种观点的恶意揣度。

此阴郁观点部分地影响了十八世纪初保守的托利党人，也影响了蒲柏、斯威夫特及其老脑筋的同行们，令他们按捺不住地辱骂奚落、丑化抹黑、荒唐吹捧、无情打压，笔下流出的讥言讽语怒气冲冲、刀刀入肉。然而就在这一时期，感觉方式发生了关键性改变，与人为恶的讥讽逐渐转向真诚热情的世界观。似乎决意

---

1 乔治·梅瑞狄斯：《喜剧随笔》，第116页。——原注

2 利厄·S. 马库塞（Leah S. Marcuse）：《欢乐的政治》（The Politics of Mirth, Chicago, IL, and London, 1986）。——原注

3 原文是 "the most crop-headed（留着寸头）scourge of theatre and popular activity"。在1641到1652年间的英国内战中，许多议会党的追随者都是清教徒，他们留着短短的头发，以区别于查理一世宫廷中时尚的长发卷。

要放下前个世纪的政治纷争与意识形态怨毒，俱乐部与咖啡馆里的总体氛围平和而友好，而这种轻快的情绪到后来成为英国绅士的典型气质。我们看到一个罕见的现象：幽默，至少是善意的幽默，朝占统治地位的意识形态中心靠拢。欢快与真诚取代了满脸怒容的清教主义。没错，英国上层社会对热忱[1]向来持厌恶态度，这种情况一直持续到奥斯卡·王尔德时代；直到那时，"热忱"的另一个意义（当时该词可以是男同性恋的暗语）才比它的常用义更为人所津津乐道。若说十八世纪的俱乐部会员认为，玩笑与逗趣都隐隐含有政治性，那么他们所说的也只是某种情况，因为这些为快乐辩护的人所指的，是那些缄口不语的狂热分子和心胸狭隘的偏执狂。人们也许会稍带夸张地声称，好的幽默是对革命的强硬回击。

　　在沙夫茨伯里伯爵看来，实践喜剧精神意味着待人处事不要倔强执迷，而要从容自然、宽宏变通。幽默能很好地医治"错谬的认识与悒郁的妄想"[2]。粗鲁好斗的讽刺作品，是先前更为粗粝好胜之世界的文化遗存；如今，善意的幽默与和平的精神将磨掉其棱角，而此二者正来自绅士阶层对自我之无穷善念的信心。让世间男女一心向善的方式将会是因势利导，而非呵斥责难。正如历史学家基斯·托马斯所说，十八世纪

1　"热忱"：原文是"being earnest"。

2　沙夫茨伯里伯爵：《人、风俗、观念、时代等的特点》（*Characteristics of Men, Manners, Opinions, Times Etc*, Bristol, 1995），第 1 卷，第 65 页。——原注

初，"幽默变得友善起来，……，性格上的种种古怪，不再是招致讥讽的异端，而是无伤大雅的怪癖，为人所津津乐道"。[1]黑格尔在《美学》中写到，在现代喜剧中，缺陷与失常给人以欢愉，却不招来蔑视。与之相反，十八世纪的托利派讽刺作家们认为，对一般人性的偏离是具有潜在危险性的异常行为，必须严厉鞭挞，使之回归正态，但这并不能否定，它们或许也能带来快乐。我们可以在本·琼生的作品中看到这种双重眼光。然而，换作一种不那般吹毛求疵的文学体裁，其中的怪人便会带给人畅意的乐趣，比如《旁观者》中的罗杰·德·科弗列爵士[2]、菲尔丁笔下的亚当斯牧师[3]，或斯特恩笔下的圣人般的托比叔叔[4]。威廉·康格里夫给幽默下的定义是："一种独特而必然的行为或说话方式，所作所说仅对一人而言既怪异又自然；因此，其言行与他人的言行判然有别。"[5]

"必然"一词值得我们特别关注。在此意义上，幽默确乎是决定论的一种表现形式。因为幽默是一个人天生而非后天选择的性格特点，所以，因性格上的古

1　基斯·托马斯（Keith Thomas）：《都铎与斯图亚特时期笑的地位》（*The Place of Laughter in Tudor and Stuart England*），刊于 1977 年 1 月 27 号之《泰晤士报文学副刊》（*Times Literary Supplement*），第 81 页。——原注

2　罗杰·德·科弗列爵士（Sir Roger de Coverley）：约瑟夫·艾狄生虚构之《旁观者》撰稿人。

3　亚当斯牧师（Parson Adams）：亨利·菲尔丁小说《约瑟夫·安德鲁斯》（*Joseph Andrews*）中主人公的旅行伙伴，英国文学中的著名小说人物，博学而诚实，总把他人往好处想，因此常常受骗上当。

4　托比叔叔：劳伦斯·斯特恩小说《项狄传》中的人物。

5　保罗·劳特（Paul Lauter）编：《喜剧理论》（*Theories of Comedy*, New York, NY, 1964），第 211 页。——原注

怪之处而对世间男女大加挞伐，便是蛮不讲理。然而，说"世间男女"也欠妥，因为在威廉·康格里夫看来，幽默现象主要限于男人，确切地说，限于英国男人。女人天性冷静，因而往往缺乏幽默感。不管怎么说，关键问题是，诙谐此时几乎成为个性特质的同义词。实际上，很难将它与鲜明个性本身相区分。如果幽默指的是某种特定性格独一无二的风格，那就等于说所有人都是幽默的，只是有的人更幽默些，也就是说更古怪、更反常、更恶劣。对这些性格瑕疵，尊重个性的英国人采取了独有的宽容态度，并使之迅速蔚然成风，俗语如"百花齐放才是春""世人想法都一样，那才叫怪呢"便是例证。

这里所说的幽默自然是高雅体面之事，非上述酒馆里的套话可比。在此意义上，正如我们已经看到的，对于捧腹大笑，十八世纪文人也许跟他们的清教前辈们同样持谴责态度。不是不能笑，而是不能给人听到，切斯特菲尔德伯爵[1]在信中这样告诫自己的儿子。斯威夫特与伏尔泰都拒绝这种粗野行为，不论真假与否，这在当时广为人知。（塞缪尔·约翰逊正相反，谁都知道他有咯咯笑的癖好。）真正的风趣引起的是微笑，而非哄堂大笑，这证明头脑至高无上，其他感官不过是它的仆从。幽默涉及的是身体，而风趣是灵魂的才能。随笔作家约瑟夫·艾狄生和理查德·斯梯尔提倡清醒

1　切斯特菲尔德伯爵（Lord Chesterfield，1694—1773）：全名为 Philip Dormer Stanhope，4th Earl of Chesterfield，英国政治家、外交家，富于机智，以《致子书简》名于世。

而文雅的乐趣，虽然清醒通常不是斯梯尔的强项。由于担心幽默沦为故作蠢相、插科打诨，所以要实施净化，使它变得高雅。

这个国度依然看重同声同气的亲密关系，不过大多在盖尔文化控制的边缘地区。在那里，社会关系尚未为占有性个人主义所主宰，团结观念依然深入人心。苏格兰高地或爱尔兰西部恶劣的生存条件，使得人际关系远不像大都会中心那样理性化、官僚化、商业化，在意识不到的情况下受到管束与制约。在人们的眼中，盖尔人也许是喧闹好斗的野蛮人，但他们也是社会性交往的典范。奥利弗·哥尔德斯密斯出生于爱尔兰中部，对他的一番描写，与以上的描述若合符节：

> 他的心宽厚而热切，他的精神简单到透明；前一秒还是凡事不忧，后一秒便换作至婉的哀伤；还有那乐观向上的天性，即便再痛苦再悲惨，都能咬牙挺过。谁能将这些品质与其赖以生长的爱尔兰土壤分开呢？在那片土地上，冲动依旧盖过反思与愧疚，不自觉的仁慈尚未被当作体谅他人的善意，而生活中最严肃的职责会屈从于社交的快乐，或者败给疯狂的兴奋。[1]

请注意一个有趣的事实：上述描写开始尽是溢美

---

1 约翰·福斯特（John Forster）：《奥利弗·哥尔德斯密斯的生活与时代》（*The Life and Times of Oliver Goldsmith*, London, 1854），第 2 卷，第 338 页。——原注

之词，接下来却逐渐变了味儿，直到最后，起初屈尊附就的赞美竟变为疾言厉色的谴责。瞧，没想到吧，眼前这位盖尔人眼睛闪亮、嘴角含笑，一只手却稍微过紧地握着个黑啤酒杯。出生于都柏林的理查德·斯梯尔尽管是英格兰后裔，据说也表现出典型的爱尔兰特点：活泼热情，性格开朗，爱交朋友；他与同胞奥利弗·哥尔德斯密斯一样，觉得英国人稍嫌粗鲁、不善交际。然而，两位作家都宣称，在英国人岩石般坚硬的外表下，也长着一颗肉做的心。斯梯尔过于大度地断言，普通英国公民那粗粝的做派与冷淡的举止之下，隐藏着热血激荡的同情与女性特有的温柔；移居英国的哥尔德斯密斯则相信，他那里的同胞们虽然表面看来心地不良，内心却对任何困苦不幸都怀有同情。

　　格拉迪斯·布莱森指出，几位苏格兰启蒙运动理论家比较了两种社会秩序，一个基于亲属关系与风俗传统，另一个基于相对非私人化的关系；得出的结论是，大多数情况下他们更青睐前者。[1] 另一位评论者认为，"苏格兰人给感性下的定义中，关键的不是个人主

1　格拉迪斯·布莱森（Gladys Bryson）:《人与社会：十八世纪的苏格兰》(*Man and Society: The Scottish Inquiry of the Eighteenth Century*, Princeton, NJ, 1945)，第146—147及172页。对于十八世纪苏格兰的精彩描写，还请看彼得·沃马克（Peter Womack):《进步与罗曼司》(*Improvement and Romance*, London, 1989)。在下面的讨论中，我还用到了本人所著《疯约翰与主教》(*Crazy John and the Bishop*, Cork, 1998)第 3 章中的某些材料，用时有所改动。——原注［《进步与罗曼司》中的"进步"（improvement），按照该书作者的说法，意义非常复杂，但基本上有两个意思，第一是让对苏格兰高地的投资回报增加，二是让该地区变得更美好；具体请参见该书第 3 页。——译者按］

义，而是社会性"。[1] 社会不是托马斯·霍布斯和洛克眼中的契约，而是家庭单元的延伸，因此最符合人性。在日益自私自利的社会秩序中，必须保有共同体精神与伦理经济；在此信念的启迪下，英格兰北部边界外的某些思想者大声疾呼，赞颂一切基于相互合作的美德。苏格兰哲学家亚当·弗格森[2]对比了部落家族文化的团结性与现代商业社会中"疏离而孤寂的个体"，感到郁郁不能释怀。他认为，在后一种状态下，恶意、妒忌、争权夺利切断了人类的情感纽带。尽管如此，秉着反托马斯·霍布斯主义精神，他仍能相信，"爱与同情是人心中最有力的原则"。[3] 我们这个时代错把他的同代人亚当·斯密看作冷酷无情的自由市场主义者，而实际情况是，斯密认为重商精神令社会疲软，而且，他和弗格森均提倡布莱森所说的"情感伦理"。[4] 斯密其人热情颂扬具有同情心或移情能力的想象力，因此，他对精神交流的重视，一点也不亚于对商业交往的关注。能与他人感同身受，便能设身处地为他人着想。我们与其他同胞不但交换商品，也交换自身；在十八世纪"重感情的人"身上，这种对他者痛苦或欢喜的反应，已演化为对敏感性近于病态的崇拜。

---

1 见约翰·德怀尔（John Dwyer）:《道德话语：十八世纪晚期苏格兰的感性与团体意识》(*Virtuous Discourse: Sensibility and Community in Late Eighteenth Century Scotland*，Edinburgh, 1987)，第39页。——原注

2 亚当·弗格森（Adam Ferguson, 1723—1816）：与亚当·斯密同年出生的苏格兰常识哲学学派哲学家，现代社会学先驱之一，强调社会互动性交往。

3 亚当·弗格森:《论公民社会的历史：一篇随笔》(*An Essay on the History of Civil Society*，Dublin, 1767)，第53页。——原注

4 格拉迪斯·布莱森:《人与社会》，第27页。——原注

　　于是，便出现了如下情形：一种颂扬亲属关系、仁慈善举、同心同德等美德之哲学，从某些依旧带有前现代社会痕迹的地区悄然进入现代都市。在那些地区，面对经济个人主义及法律对传统的统治，情感的力量、传统的权威、个人姻亲的社会功能正在打一场艰苦的保卫战。资本主义社会秩序面临着一个问题，那就是其精于计算的理性，会威胁到人与人之间共同的情感纽带，从而威胁其自身社会关系的维系与再造。若能明智地引入边缘地区盖尔人重感情的传统，适当地去粗取精，便大大有助于解决上述问题。一个政治国家若是降格为一份功利主义的合同，同时个体给当作孤立而自我驱动的原子，那么便越发需要共同的情感与坚固的价值框架，使竞争性个人主义既能在其中任意驰骋，又不至于破框而出。真挚的感情、友善的举止、愉悦的心情，都是商业之轮的润滑剂。十八世纪小说家亨利·布鲁克[1]创作过一部极其冗长的小说，名为《卓越的傻瓜》。他曾描写商人如何"把远在天边的事物带到眼前，也把眼前之物送去天边，……并由此将全人类的亲和性与兄弟情编织进一个大家庭里，编织进一张网络中"。[2]这一宏大事业虽基于对社会存在的利己主义认识，却也不乏对人的同情，而与之形成鲜明对

1　亨利·布鲁克（Henry Brooke，1703—1783）：爱尔兰小说家、剧作家。
2　亨利·布鲁克此言引自托马斯·巴特莱特（Thomas Bartlett）:《爱尔兰国家的衰落与兴盛》（*The Fall and Rise of the Irish Nation*, Dublin, 1992），第 54 页。对于这种称为"商业人文主义"的思想，请参照 J. G. A. 波科克（J. G. A. Pocock）:《美德、商业与历史》（*Virtue, Commerce and History*, Cambridge, 1985）。——原注

比的是，在更为激进的圈子里，对同情心的顶礼膜拜或许会对这一事业构成威胁，使之脱离既定轨道。

布鲁克乐观地认为，随着商业关系在人群中扩展，相互同情不断加深，从而会使商业渠道更为顺畅高效。商业沟通不仅培养礼仪精神，巩固社会关系，而且还磨掉了庸俗资产阶级那粗粝的棱角，赋予他们一丝贵族的风雅。贸易的扩展与友情的传播彼此相互推进。孟德斯鸠的《论法的精神》是这种"贸易交往论"的主要思想源泉。他笃信汇票具有促进文明的力量，其诚足以动人。商业令人更为温顺合群；而且，因为商业财富具有分散、流动的特点，所以不易为专制国家罚没或控制。苏格兰哲学家约翰·米勒甚至将无产阶级纳入这一共同的福祉当中。他认为，劳动者因同样的雇佣关系与经常性的交往而聚集一处时，"便能够异常迅速地交流各自的感觉与热情"，从而奠定了平民团结的基础。[1] 社会的运转依靠某种出自本能且令人愉快的合作关系，而此共同性的一个重要隐喻便是分享笑话。

如今，平和、礼貌、好脾气、善交际被视作繁荣的基础。老派贵族的价值观，如荣誉、骄傲、军功，不得不让位于中产阶级的道德标准，如温顺、礼貌、家庭和睦、朋友情谊。有批评家评论到，这是"英雄时代的结束，情感时代的开始"。[2] 在那位最伟大的苏格兰

1　引自阿尔伯特·O. 赫尔施曼（Albert O. Hirschman）:《激情与利益》(*Passions and Interests*, Princeton, NJ, 1977），第 90 页。——原注

2　凯蒂·特林佩纳（Katie Trumpener）:《吟游诗人的民族主义》(*Bardic Nationalism*, Princeton, NJ, 1997），第 76 页。——原注

哲学家[1]的著作里，情感是一切道德判断的源泉。在大卫·休谟看来，区分真实客体与想象客体的，不过是不同的情感强度。通常认为，女性是同情、怜悯、和平等价值观的守卫者；这些价值观必须从家庭进入公共领域。爱尔兰哲学家埃德蒙德·伯克是这一策略的首要倡导者。新的风尚出现了，人们更重感情，更为热诚，更加温和，更宠妻子。情感成为一种身体修辞学，一门由脸红、哭泣、晕厥、战栗等行为构成的符号学。

理查德·斯梯尔主办的杂志《闲谈者》对这一新风尚的塑造居功至伟。此公给妻子的信中满纸都是些礼貌周全的痴言痴语。比如她是他的"亲爱的小动物""亲爱的统治者""地球上最最亲爱的生物"。在一封这样的信中，他署名为"您亲爱温柔听话的夫婿与爱人"。在这些潦草杂乱的便条中，随处可见关于上帝、真理与爱的典故，送来的时候，有时会附上一份茶礼，或是一枚几尼硬币。他在一封信中跟妻子说，自己正与哈利法克斯爵士[2]进餐，然后又补充说："我死为你我憔悴。"[3]在《旁观者》第四十期中，斯梯尔忘情地说："我一直有个宏愿，要使'妻子'成为自然中最令人愉快的名词。"一种崭新的男性气质正在形成，它痛恨造作的风趣与贵族式的放荡，喜欢与美德

---

1 指生于爱丁堡，死于爱丁堡的大卫·休谟（David Hume，1711—1776）。

2 哈利法克斯爵士（Charles Montagu Halifax，1661—1715）：英国辉格党政治家，金融天才，英格兰公共财务制度中多个元素的设计者。

3 关于斯梯尔给妻子的信，请见雷·布兰查德（Rae Blanchard）编：《理查德·斯梯尔书信集》（*The Correspondence of Richard Steele*, Oxford, 1941），第208—279页。——原注

联姻，比如诚实、温顺、朴实、理智、宽宏、非暴力、夫妻和美。同属于这种女性化感性力的，还有移情能力，即迅速而本能地感知他人感受的能力。斯梯尔在《基督教英雄》中论道，上帝为人类塑造了共同的天性，"令我们通过自然聚集而形成彼此间更为紧密的结合，……而且通过某种隐秘的魔力，令我们为不幸者哀叹，为愉快者欢欣；然而也通过欢乐者与痛苦者的神态与动作，令我们的情绪跌宕起伏，与他们感同身受"。他补充说，欢乐就像玩笑一样是"有感染力的"。弗朗西斯·哈奇森也认为，眼见他人的宽宏行为，我们心中的欢愉便油然而生，自然得像闻到恶臭便恶心欲呕，目睹崇高的前景便欣喜若狂。道德判断一如身体的本能反应，不由自主、瞬间即至。

因此，在一个整体的文化政治设计中，幽默、同情及高昂的情绪开始起到中心作用。文学界的重要任务之一，便是指导笨拙的资产阶级如何适应新的情感模式，向他们灌输高雅的举止、礼貌的言行与家庭的温暖，以柔化他们顽固的头脑。劳伦斯·斯特恩全集1780年版的广告承诺说，展卷读之，必会促进社会中的善行。小说、戏剧、期刊文章均身不由己地卷入一场声势浩大的运动，从抵制决斗的长篇檄文，到对商业活动的颂扬之辞，试图以优雅、精致与道德敏感影响社会存在，达到美化它的目的。中产阶级将变得高雅精致，侮慢的贵族阶层将平民化。道德哲学将摆脱神职人员和经院神学家的掌握，融入俱乐部、沙龙与咖啡屋。新的文化环境不以轻浮无聊为特征，那是上层阶级的恶习，而是以心灵的轻松敏锐为特点，轻易就能在笑声中得到抒发。

即便这种文化氛围能轻而易举地产生幽默，幽默作为一种认识也比纯粹的玩笑更加深刻。毋宁说，幽默是处于上升期的社会阶层对未来的热烈憧憬。这个阶层越来越有信心，越发从容不迫。这是一个由新教徒组成的方阵：银行家、律师、神职人员、地主、商人、股票经纪人、掮客、企业家；这些人感到，历史站在他们一边，后来证明，这种感觉是正确的；在巩固土地与资本的同时，他们也忙于巩固自己的文化身份。在帝国力量、迅速扩张的经济与利润丰厚的殖民地贸易的鼓舞下，新兴的中产阶级认为，对待绅士与贵族时，和平相处比隔着街垒怒目相对更为稳妥，更有效益。他们将旧制度的傲慢无礼顶了回去，却也未经历底层叛乱带来的恐惧；遭受这种煎熬的是他们的后继者，那些工业资本家们。幽默、仁慈、善感，加上一点夸张的自满，都是令他们感觉良好的因素。辉格党党魁沙夫茨伯里伯爵令人震惊地将风趣的盛行与自由贸易直接挂起钩来。他说，"自由与贸易将风趣提升到应有的高度"，贸易限制则令其降至愁云惨淡的低点。[1]他坚持说，喜剧与风趣既有政治含意，也有经济含意。二者慷慨大方、坦诚直率、无忧无虑的本性，

---

[1]　沙夫茨伯里伯爵：《人的特点》，第45页。——原注

使它们能推翻任何专制与独裁。

正如托马斯·霍布斯关于笑的思索反映了一种更为普遍的世界观，弗朗西斯·哈奇森对其思索的回击亦复如此。弗朗西斯·哈奇森同托马斯·霍布斯一道抱怨，认为越来越不可能求助于"那些古老的概念，如自然感情、仁爱本能、共通感、礼仪与道德"。相反，凡事都跟自私有关，"笑本身也必定是源自私欲的一种快乐"。[1]自我利益是人类行为源头的观点令弗朗西斯·哈奇森甚为反感；他大声疾呼，希望对人类行为的理解多些温度。他写道："人对无偿与无私的善行最为认同。"[2]他论述道："任何一个行为，一旦我们发现它出自爱、人性、感激、同情，出自对他人之善的细查，以及因他人幸福而感到的欢喜，即使这一行为远隔千山万水，我们也能喜从中来，敬慕它的美好，赞颂它的主人。"[3]自我利益的鼓吹者绝对无法解释"人类生活中的核心行为，比如友谊、感激、宽宏、同情、自然感情、公共精神"。[4]

弗朗西斯·哈奇森如此看待喜剧，其隐秘的动因，是对人性异常乐观的认识，对这位阿尔斯特省的长老会牧师而言，更加难能可贵。他毕生的著述都是对哲

---

[1] 弗朗西斯·哈奇森：《关于笑的思考，以及关于蜜蜂寓言的评论》(*Reflections upon Laughter, and Remarks upon the Fable of the Bees*)，第 4 页。——原注

[2] 弗朗西斯·哈奇森：《道德哲学概论》(*A Short Introduction to Moral Philosophy*, Glasgow, 1747)，第 18 页。——原注

[3] 弗朗西斯·哈奇森：《道德观念原型探究》(*Inquiry Concerning the Original of Our Ideas of Virtue or Moral Good*, London, 1726)，第 75 页。——原注

[4] 弗朗西斯·哈奇森：《道德观念阐释》(*Illustrations of the Moral Sense*, Cambridge, MA, 1971)，第 106 页。——原注

学中自我主义的抨击。在后世思想家如尼采、陀思妥耶夫斯基那里，"幸灾乐祸"的概念占据了中心地位，而在弗朗西斯·哈奇森友善而单纯的伦理思想中，它并无立足之地。他断言，我们的头脑表现出"对普遍的善、温和、人性、宽宏"的偏爱及"对私有财产的蔑视"。[1] 在他看来，德行包括"快乐的天性，即以令他人快乐为乐；对于那个令我们拥有此惬意、单纯、温厚、从容之心态的人，当我们与他愉快地交谈时，柔和的笑语活跃了气氛，我们会心存感激，暗自赞许"。[2] 此时，餐饮俱乐部相比于教会，更像上帝之国的预言者。善行与感官享受紧密结合，仁慈是一种实实在在的身体快乐。人们品尝着善举的美味，就如咂嘴赞美多汁的大虾。

这个自信的新兴中产阶级所享受的快乐颇具古希腊风范；在这种精神氛围中，善意的公民与追求享乐的人愈发难以区分。弗朗西斯·哈奇森的同胞劳伦斯·斯特恩出生于爱尔兰中南部的蒂珀雷里郡，他曾谈到行善的"光荣欲望"[3]。善是无私的，它无关利益，予人慰藉，不求报偿。善超越了一切自私的算计，就像唯美的事物，除去自身，别无所求。无论在哪个方

1　弗朗西斯·哈奇森:《道德观念原型探究》，第 257 页。——原注
2　弗朗西斯·哈奇森:《道德观念原型探究》，第 257—258 页。——原注
3　行善的"光荣欲望"（The glorious lust of doing good）是亨利·菲尔丁对汤姆·琼斯行为的评价。参见保罗·凯莱赫（Paul Kelleher）:《行善的光荣欲望：汤姆·琼斯与性道德》（The Glorious Lust of Doing Good: Tom Jones and the Virtues of Sexuality），载于《小说：关于小说的论坛》（NOVEL: A Forum on Fiction），第 38 卷，第 2、3 期（春、夏）合刊《十八世纪小说研究新作》（New Work on Eighteenth-Century Fiction），2005 年，第 165—192 页。

面，它都与市场理性格格不入；若有一种社会秩序，其中凡事皆涉功利，而不自以为乐，那么，善便会坚决予以抵制。这类善是所有清教自我压抑行为的仇敌，而笑声是它的外在表现。这种笑被语言学者称为"交际性"的笑，意思是说，笑的人关注的是交际行为本身。人们不是因为这个或那个而笑，而是在表示喜欢与他人交往，且对他人没有恶意。比如说不会残忍到对对方直言不讳地品头论足。同时，对方也报以笑声，不光是感受到友善而心情愉悦，也是在试图传达同样的讯息。令对方开心，不但让我们自己欢喜，而且也让对方看到，我们怀有好感，希望愉悦他们；看到对方以笑回应，并且同样乐于表示善意，我们便愈发快乐。因此，在这样一个自生过程中，双方以笑相待往往进一步促进了相互间的感情。实际上，此种社交润滑是笑最常见的功用，比讲笑话更有效。苏珊·朗格[1]指出，幽默需要客体，而笑则不必，单是有人相伴，就能引发快乐的笑声。[2] 昆德拉在《笑忘书》中也有类似的看法。他写到有一种笑没有对象，纯粹是"表达存在的欢愉"。喜剧观众哄堂大笑时，不仅是对台上情形，也是对他人高涨的情绪做出反应。哄堂之声体现出团结，促成一种暂时的友谊，令人欣喜。弗洛伊德

---

[1] 苏珊·朗格（Susanne K. Langer, 1895—1982）：著名哲学家、符号论美学代表人物之一，主要著作有《哲学新解》（*Philosophy in a New Key*）、《感受与形式》（*Feeling and Form*）、《艺术问题》（*Problems of Art*）等。

[2] 苏珊·朗格的这个观点出自其著作《感受与形式》，此处引自保罗·劳特编：《喜剧理论》，第 513 页。——原注［朗格的原话："Laughter is, indeed, a more elementary thing than humor..." 出自《感受与形式》（New York, 1953），第 341 页。——译者按］

式玩笑仅仅是有趣的文字游戏，它便具有上述这种喜剧性；笑话则另当别论，弗洛伊德认为它别有动机。

对弗朗西斯·哈奇森而言，幽默并非源于屈尊俯就的态度，而恰恰来自这种高傲姿态的崩塌：夸大的辉煌褪去光环，强大的事物沦为卑微。幽默所体现的，"不是普通友情中最不起眼的情感纽带"，[1] 正因为如此，它预示的是上帝之国永恒的欢乐气氛。然而，如果它期待一个满足感官欲望的世界，那么它便跟教会一样，是使这个世界得以实现的工具，在原来的孤独疏离之处，创造出和谐友好的关系。弗朗西斯·哈奇森说，没有什么比一个好的笑话更能瞬间拉近人们的关系。此刻，笑话成为一整套友善社会关系的隐喻，由此也成为深刻的政治话语。若说笑话是神之博爱的世俗表现，它也是一个更为友善的社会的原型。劳伦斯·斯特恩提醒我们，这个世界肚子里怀着玩笑，而他自己的文学艺术是众多助产士中的一位；对于弗朗西斯·哈奇森这样一位作家，文学艺术费力帮这个怀孕星球生下的，是一个更重情义的社会秩序。这将是一个所有公民自由而平等的共和国；俱乐部里或晚餐桌旁的和谐氛围正是它的预兆。在《项狄传》第四部中，斯特恩谈及他的抱负，说是要构建"由开怀大笑的民众组成的王国"。大家同笑，便是分享身体及精神的"圣餐"，其最贴切的类比便是节日欢宴。在这身体

1　弗朗西斯·哈奇森：《关于笑的思考》，第37页。——原注

与精神的统一中，笑成为对笛卡尔心物二元论的批驳。除了自我欢愉外，身心的交互别无所图，因此与艺术具有了某种共性。这种幽默不动声色地批判了工具理性。它存在的目的很纯粹，不为别的，只为交往带来的快乐。

听到弗朗西斯·哈奇森宣扬他的前卫观点，并非所有教区居民都激动不已。有位教众便心存不满，因为每周他都盼这位牧师讲地狱之火，听到的却是充满自由思想的布道辞，令他有上当受骗的感觉；此人说这牧师是个"蠢蛋"，吧啦吧啦一个钟头，净讲善行和上帝的仁慈，至于那些令人心安的古老教义如神选、神弃、原罪、死亡，他却只字不提。弗朗西斯·哈奇森如今湮灭不闻，着实令人心寒。他是苏格兰哲学之父，一位思想家，大卫·休谟的大部分思想得自他的传授，康德的早期作品也深受其影响。借助学生亚当·斯密之手，他的经济思想帮助现代世界奠定了基础。他是一位满腔热情的共和派，站在受压迫的一方，主张以激进的方式推翻不公的统治者。他亦给予托马斯·杰斐逊以重要启迪，因此成为美国革命的一位精神导师。鉴于此，他的某些观点回输到他的故土爱尔兰，成为爱尔兰人联合会的起义纲领。他捍卫女性、儿童、仆从、奴隶、动物权利，支持作为平等伙伴关系的婚姻，谴责父权，因宣扬异端邪说在格拉斯哥出庭受审，对非西方文化表现出异乎寻常的开明态度。他甚至替外星人说过好话。

对仁爱友善的推崇也遭遇挑战。若说幽默代表善的生活，则美德便如笑一般，必定发自天然，又何来善与不善的问题呢？善成为本能；人类也许因为善而被爱，却不能因为善而获赞。此外，难道这不是将正确行为降格为心血来潮吗？人只是在有心情的时候才会同情他人吗？照这种理论，似乎我们身不由己地同情怜悯他人，跟我们触到火时缩回手指或视野中出现河马，两者毫无区别。一位评论家辛辣地说："仅仅是目睹困苦中的客体而一时间同情心大炽，这样的举动跟痛风发作一样，丝毫无关仁慈。"[1] 在这里，本能论使道德判断丧失殆尽，当世遵循道德传统之士都深刻地意识到这个危险。约翰·霍金斯爵士[2]不无讽刺地写道："（多愁善感者）凡事强调宽宏，忽视责任：他们自己就是律法，首要考虑的，是要拥有善良之心，满怀恻隐之念，至于建立在责任感上、用以约束人的行为规范，则还在其次。"[3] 晚近时候，塞缪尔·泰勒·柯尔律治在《助思集》中论道，斯特恩及其多愁善感的门徒所带来的伤害，超过了托马斯·霍布斯及实利主义学派造成的一切恶果。哥尔德斯密斯也有同感，他虽赞同仁慈友善，但却不喜伤感主义。他坚持说，真

1　此言出自伊丽莎白·卡特（Elizabeth Carter）之口，转引自阿瑟·希尔·凯什（Arthur Hill Cash）编：《斯特恩的道德情感喜剧》（Sterne's Comedy of Moral Sentiments，Pittsburgh, PA, 1966），第 55 页。——原注

2　约翰·霍金斯爵士（Sir John Hawkins, 1719—1789）：英国地方法官、作家，第一部英语音乐史的作者。

3　转引自安·杰西·范·桑特（Ann Jessie Van Sant）：《十八世纪感性与小说》（Eighteenth-Century Sensibility and the Novel，Cambridge, 1993），第 6 页。——原注

正的宽宏是具有一切法律力量的道德责任感，是理性加诸我们的法则，而不是我们心血来潮的产物。[1]这番评说与《新约》的观点如出一辙。《新约》认为，博爱或基督之爱意义上的爱，与情感的关系微乎其微。其范式是对陌生者与敌人的爱，而非亲朋之爱。可再怎么样，作为社会意识形态的仁爱都没能幸存下来。在其后来的演变过程中，面对工业资本主义与帝国主义战争带来的巨大痛苦，欧洲中产阶级对人性的看法某种程度上失去了往昔充沛的活力。弗洛伊德那本《笑话及其与无意识的关系》便是典型的例证，与他大多数作品一样，在某种意义上，这本书回归了托马斯·霍布斯的人性观。

笼统地讲，好情绪表现为微笑，而多愁善感则是含泪的微笑，因此便有点儿受虐意味。我们发现，在人类的困苦中有种动人的哀婉，就像在十八世纪美学家那里，崇高感也意味着一种期待被压垮被征服的狂喜。多愁善感之人自觉感情细腻，为之沾沾自喜，于是大加炫耀，仿佛这情感是一件件商品。仁慈之心与移情想象好比离心力，载着你向外延伸，而多愁善感则悄悄地施展向心力，所有关注集于自身，恣意消费一己之感觉。说到底，这实为一种变相的自怜，一种对自我同情行为的同情。性情中人是道德上的鹈鹕，

1　阿瑟·弗里德曼（Arthur Friedman）编：《奥利弗·哥尔德斯密斯选集》（*Collected Works of Oliver Goldsmith*，Oxford, 1996），第1卷，第406页。——原注

以自己身体里的东西为食。[1] 欢喜或痛苦的对象，不过是为它所唤起的具体情感提供了表达途径。约翰·穆兰认为，在十八世纪，"特殊的感觉体验以其强度成为普遍之共同情感的一种替代品"。[2] 善感多愁令情感成为痴迷的对象，任何忽视情感的社会秩序都遭到激烈反对。多愁善感之人与注重实利之辈不过是同一枚硬币的两面；马克思也认为浪漫主义者与实利分子并无二致。这个时代称为"情感"的东西，或许是一种病理状态，一个神经衰弱的标志，指向受到过度教养的人。在斯特恩的《伤感之旅》中，约里克想象出各种遭难者的形象，只为品味同情心引发的极度快感。爱尔兰小说家摩根夫人[3] 在《回忆录》中哀叹其"可悲的身体构造；这躯壳中流转的每个印象都能影响到我，令我精神紧张，让整个身体系统变得敏锐易感"，[4] 不过她真实的意图，是夸耀自己如何具有同情心。穷困残疾之人是天赐良机，让我们的慈心善念得以施展。威廉·布莱克一眼看出，同情通常意味着灾难已经发生，除了悲叹，能做的其实微乎其微。

1　鹈鹕（pelican）具有下嘴壳与皮肤相连接形成的大皮囊（pouch），一般认为它是用来储存食物的，故伊格尔顿有此比喻。但根据《不列颠百科全书》的解释，此皮囊并不储存食物，而是捞鱼工具。

2　约翰·穆兰（John Mullan）：《情感与社会性：十八世纪的情感语言》（*Sentiment and Sociability: The Language of Feeling in the Eighteenth Century*，Oxford, 1988），第146页。——原注

3　摩根夫人（Lady Morgan, 1776—1859）：爱尔兰小说家，婚前名叫西德妮·欧文森（Sydney Owenson），嫁给外科医生托马斯·查尔斯·摩根（Thomas Charles Morgan），并在此人封爵后，获称摩根夫人。著有小说《爱尔兰野丫头》（*The Wild Irish Girl*）。

4　摩根夫人：《回忆录》（*Memoirs*，London, 1862），第1卷，第431页。——原注

　　这多愁善感的潮流一直淌入十九世纪。我们已经看到，十八世纪文化中，在仁爱与伤感之间，也就是在菲尔丁、斯梯尔与哥尔德斯密斯、斯特恩之间，存在明显的差异。狄更斯正好相反，前述两方面对他而言缺一不可。亨利·菲尔丁虽然欣赏人性的诸种荒唐，也大胆地猜测愚蠢行为与流氓行径远为普遍，但仍相信美德是人之天性；转过来看狄更斯，其感知模式中几乎没有这种道德力量。作为小说家，他的代表性特征之一，便是伤感与怪诞的混杂，而这两种文学模式是背道而驰的。若说伤感论摆弄的是同情、哀婉、温柔这等主流情感，那么怪诞就是跟怪异、偏常、另类打交道。在狄更斯的小说中，怪诞的人与事都纯粹充满善意，让人既感有趣又受感动，从而将前述两种性质融合起来。

　　狄更斯笔下众多人物的幽默，既具中世纪意味，又有现代感；滑稽得令人捧腹，而那滑稽感却源自人物鲜明的特质。这份特异也并不仅仅是滑稽。有趣的同时，它还令人神经紧绷。狄更斯的怪人们往往为性情所困，常常身不由己，行为执迷，同样的话、同样的事循环往复，几近病态。他们是拘谨性格的受害者，可以任性地做自己，但却无法逃脱个人独特性的奴役。他的人物里，有些像演街头戏，自我身份纯属表演，尽是面具，没有内涵；另一些的自我是个谜团，埋藏在遥不可及之处，根本无从得见。而他笔下的怪鸟们则完全相反，往往是些拙劣至极的演员，根本跳不出自我，就像终身监禁者，困在自我的牢间内。怪人偏离了社会常规，但其言行却不难预测，就像蒸汽机的工作原理，很容易搞清楚。他们怪诞的行为也许几近疯癫与可怖，令人惶惶不安，也许不过是种可怕的唯我论的表现。在如今碎片化的社会秩序里，男人女人占据各自封闭的空间，其沟通模式晦涩难解、怪诞莫名，其相互关系往往不过是怪异行为的交织。言语不再是清晰的自我表露，而是个体反复无常的另一种表现，就如特殊的步态或嘴角的抽搐。这些小说人物有着自己标志性的言语方式，比如哼哼唧唧的哄骗、粗鲁无礼的嘟哝、连珠炮似的抢白、貌似虔敬的言辞、啰哩吧嗦的讲话。约瑟夫·艾狄生与弗朗西斯·哈奇森颇为看重的共通感，如今已分崩离析，成为偏离常规的个人主义；颇为反讽的是，这种个人主义成为整个社会状况的反映。数年前，有位牛津大学的老师常站在一家酒吧吧台边，肩上立着一只鹦鹉。显然他对自己蔑视传统的行为颇为得意。不过同样明显的是，他害怕鹦鹉把屎拉在衬衫前襟上，那番得意也就多少打了折扣。

如果美德本身不过是另一种幽默，就像《尼古拉斯·尼克尔贝》中的奇里伯兄弟与《马丁·瞿述伟》中的马克·塔普利表现的那样，情况该是怎样的呢？热心肠难道只是任性的念头吗？多愁善感也大多失去了社会维度，退回到私人领域。私人空间此时不再是斯梯尔和伯克眼中公共空间的缩影，而是逃离公共空间的庇护所，正如《远大前程》中威米克位于郊区的那个壕深墙固的家。随着匹克威克式的宽宏之心在社会交往中渐渐失效，狄更斯小说中的欢快气氛虽未湮灭，却大多转入私人空间。等到了《荒凉山庄》中的约翰·贾迪斯那里时，古怪的奇里伯兄弟式的慈悲已不复存在，脸颊胖乎乎、双眼亮炯炯的友善，明显退变成为一种沉默的仁慈。脱离开一个严酷的世界，情感被迫关注自身，往好里说，变得自我放纵，往坏里说，成为一种病态。[1]

尽管如此，不论人性中的缺点如何邪恶，如何令人不安，狄更斯的小说都继续宽容以待，从而在英国喜剧艺术主流中占据一席之地。若说可笑（取其"古怪"之意）的行为有可笑（取其"滑稽"之意）之处[2]，那是因为偏常就是失谐。狄更斯这种友好的宽容态度，是受政治环境影响的。在《诗歌音乐散论》中，詹姆斯·贝蒂坚信，幽默因高度个体性特征而繁盛，而且，只有在自由的国度，个人性情的特异之处才能无拘无束地任意发展。他断言道，独裁暴政毁灭多样性，古怪的行为也跟着遭殃。在非专制社会里，个人有权选择与众不同的行为方式，而这种独特性有助于喜剧性的发生。然而，当大量人口聚集到城镇里，令人愉悦的个性缺陷便随之消失，为趋于一致的生活方式所碾压。因此，喜剧更多具有乡村性，而非城市性；

---

1 本段中提到的四本小说均为狄更斯作品。
2 两处"可笑"原文皆用"funny"一词，因为它在英文中既表示"滑稽"，又表示"古怪"。

它代表的精神，属于孤立于复杂社交生活之外的人。即便如此，贝蒂仍毫不犹豫地坚信，"野蛮人"很少会咯咯轻笑；只有在他所处的文明开化的君主体制下，风趣之人才能在社会舞台上大显身手。这类政体建立了和平的秩序，给予个人足够的安全感，令他们在忙于个人事务的同时，又常常能幽默一把。这样看的话，国王和王后便是喜剧的必要条件了。此外，在这样的社会里，公共领域是各阶层人士自由混杂的场所，也就催生了风趣、客套与礼貌。

由此，贝蒂心目中理想的社会秩序似乎是这样的：大众在乡村的旷野中展现着迷人的性格怪僻，而绅士们在都市的咖啡屋里风趣横生。他对专制国家妨碍喜剧发展的谴责，两百多年后得到了哈罗德·尼克尔森的回应。后者在《英国式幽默感》中告诉我们："在专制社会、无阶级社会，以及革命中的社会里，幽默感不可能遍地开花。"[1]这的确是对消除财富极端不均的有力反驳，因为那样的话，文字游戏和诙谐妙语便会戛然而止；对此左派分子当然不该掉以轻心。若是在消灭资本主义的同时，也把欢声笑语消灭了，那会怎样呢？哈罗德·尼克尔森告诉我们，他有意将无产阶级那些"酸涩"、怨毒、讥讽、嘲弄的幽默排除在思考之外，并不无矛盾地声称，英国人尽管存在阶级差异，但都会为同一件事情发出笑声。即便如此，这位

1　哈罗德·尼克尔森（Harold Nicolson）：《英国式幽默感》（*The English Sense of Humour*, London, 1956），第 31 页。——原注

宽宏大度的人也指出："有产阶级……对带伦敦东区腔的幽默非常欣赏，并由衷地喜爱。"[1]他断言道，英式幽默具有宽容、善意、怜悯、同情、温和、友爱、害羞、怯懦等特点，就像英国人，英式幽默对知识分子和极端分子都持怀疑态度；最好的英式幽默乐趣横生、稚气十足、慰藉心灵、全然无害。可以想到，哈罗德·尼克尔森若健在，绝不会是萨拉·西尔弗曼[2]最忠实的粉丝。

对于斯特恩、狄更斯此类作家而言，幽默除去别的效用，便是将严酷的世界挡在门外，同时颂扬友情、乐享新奇。斯特恩笔下的项狄家宅乃一潭死水，处于落后停滞的乡村，满目都是畸零人、疯癫汉、精神病，充斥着滥计划、性无能、怪祸事，而伸手可及的救命稻草、心理补偿、超脱之法只寥寥数种，笑即位列其中。另一个便是写作本身，即便是在此不毛之地，也能长盛不衰。人类的生存状态若能孕育出这般超拔高迈的小说，其日暮穷途的外表，便不足为信了。如此将灾患不幸描写得妙趣横生，便不啻为对它们的超越。狄更斯的书中也不乏人类悲惨境遇的图景，比如《尼古拉斯·尼克尔贝》中的多西伯义斯堂[3]，或者费根[4]肮脏的巢穴，但往往滑稽诙谐，活灵活现，令笔下的

---

1 同上，第23页。——原注
2 萨拉·西尔弗曼（Sarah Silverman，1970— ）：美国单人脱口秀演员、作家，其讽刺喜剧涉及社会禁忌和有争议的话题，如种族歧视、性别歧视、宗教等。
3 多西伯义斯堂（Dotheboys Hall）。狄更斯取名很有特色，此处的名字字面意思是"收拾那些男孩儿"，体现了那间学校所谓的教育。
4 费根：狄更斯名著《雾都孤儿》中的儿童犯罪教唆者。

悲苦得以升华。即便如此，斯特恩若将欢喜鼓吹为生活的全部，也大多为了抵御周遭混乱的人类境况。马修·贝维斯的理论是，笑话干净利落，弥补了人类必死的境遇所招致的混乱状态。[1]

　　英国人向来喜爱任性不羁的类型。这款男女一如狄更斯笔下的怪人，不认得什么律法，只遵从一己之规则。他们是生而自由之英国人的漫画肖像。把白鼬塞进裤子[2]的家伙，或骑小犀牛上班的人，兴许会受到白金汉宫的褒扬。英国人之所以喜爱贵族，这无疑是一个原因；贵族天生就是无政府主义者。在他们看来，规则制定者没理由被规则捆绑。他们将地位赋予的荣耀与厚颜无耻、满不在乎熔于一炉。绝对权力是一种放纵，无法容忍任何束缚。在中产阶级战战兢兢谨守社会规范的时候，上流社会却不以为意地将雷池抛在身后，以此宣告他们的特权。在这点上，他们跟犯罪分子有某种共通之处：罪犯置身法外，贵族凌驾于法上。作奸犯科者憎恨警察，而绅士则蔑视警察。布莱

1　马修·贝维斯：《牛津通识系列：喜剧》，第 51 页。——原注

2　此处指一个叫作"白鼬塞裤腿"（ferret legging）的游戏，最初由里格·麦乐（Reg Mellor）于 1983 年发明，即将一只白鼬塞入裤子里，再系紧腰带，扎紧裤脚，看能坚持多久，不让白鼬逃出来。

恩·霍华德[1]，臭名昭著的伊夫林·沃小群体中的一员[2]，曾在一家法定时间外营业的饮酒俱乐部中被警察抓获。警官询问他的姓名住址，据说他的回答是："我叫布莱恩·霍华德，住伯克利广场[3]，而你呢，警官，应该是哪个不起眼的郊区来的吧，那地方一定无聊透顶。"

如此说来，高贵与卑微之间隐着某种共性，颇似李尔王与其弄臣的关系。民间故事可以为证：国王与乞丐能够轻易地互换角色。地主与偷猎者的关系，远比与小资产阶级猎场看守的关系来得牢固。从某种意义上，光棍儿一条的家伙与作威作福的老爷同样危险。我们之所以欣赏福斯塔夫和托比·培尔契爵士[4]，正因为这种满不在乎的做派；他二人的王国骑士[5]身份，更为其放浪不羁平添了几分色彩。他们能与下等人打得火热，只因对于高居顶端之人，等级制度没什么要紧。这世上，满腔妒火地死盯着等级差异的，正是那下中产的马伏里奥们。培尔契宣称"我不能打扮得再规矩

1　布莱恩·霍华德（Brian Howard，1905—1958）：英国诗人，《新政治家周刊》撰稿人，曾被寄予厚望成为文坛领袖，却因放纵的生活而未能兑现才华。

2　指的应该是霍华德在牛津大学上学时参加的所谓"伪善者俱乐部"（Hypocrties' Club），其成员有小说家伊夫林·沃、英国现代诗人哈罗德·艾克敦（Harold Acton）、传记作家戴维·塞西尔（David Cecil）、作家及评论家哈特利（L. P. Hartley，此公自称一生读书逾六千本，著有小说《中间人》）等。

3　伯克利广场（Berkeley Square）：位于伦敦西区的梅菲尔区（Mayfair）上流住宅区的一个城市广场。

4　福斯塔夫（John Falstaff）：莎士比亚剧作《亨利四世》中的滑稽人物，位高权重却放浪乖张。托比·培尔契爵士（Sir Toby Belch）：莎士比亚剧作《第十二夜》中的滑稽人物。

5　王国骑士（Knights of the Realm）：传说中的英国骑士团名称，此处指二人位尊爵显。

了"[1]时，代表的是一个崇尚自由的英国人，令所有老倔头型的钉子户心有戚戚焉，因为他们执拗地守住自己的一亩三分地，让计划新建机场的政府无计可施。生而自由的英国人，其自由在于能够做自己，而不在于能够为个人发展宏伟规划、积极进取。这是不受他人干涉的自由；不是为了放手追求宏大的事业，而是为了漫无目的地徜徉于花园之中，或是收集纳尔逊勋爵[2]的石膏塑像。为了避免彼此照面儿，英国人可算是煞费苦心，甚至同胞就在眼前也装作视而不见。他们出了名的矜持，可与其说是对同胞怀有敌意，不如说是铁了心不去搅扰。然而，一旦被请进别人的私密空间，英国人也会变得滔滔不绝。

无所顾忌、放荡不羁的贵族这一传统，在拜伦那里达到了巅峰。政治异议、性爱冒险、罪恶名声在他身上交织一体，难于区分。出身高贵的雪莱也是这样一位贵族叛逆者。在尼采的身后，一类新的精神贵族成长起来，其中的代表人物王尔德和叶芝是盎格鲁－爱尔兰贵族后裔。在爱尔兰，他们出身的那个社会阶层臭名昭著，其成员胆大妄为、放纵荒淫、绯闻缠身、酗酒无度，大张旗鼓地自我毁灭。这些家伙自吹自擂、

---

1 原文是 "I'll confine myself no finer than I am"，此处采用梁实秋先生译文。梁先生在注解中说："原文 confine myself 有二义：一为给自己穿衣服，一为使自己守规矩。玛利亚用 confine 一词系第二义，陶贝（即托比一译注）爵士则误以为第一义，故云。"朱生豪先生译为："我这身衣服难道不合身份吗？"方平先生译为："对啊，我管着自个儿吃好穿好。"

2 纳尔逊勋爵（Lord Nelson，1758—1805）：英国海军中将，世界军事史上的著名海军统帅，被誉为"英国皇家海军之魂"。

神气十足，其古怪言行甚至迹近疯癫，叶芝认为这甚是迷人，我们却不敢苟同。身为牧师的哥特小说家查尔斯·马图灵[1]曾经狂舞不休，主教只好给他下了一道禁令，而一位十九世纪的都柏林大主教有时给人看到荡秋千、在主教宫前吸烟斗。奥斯卡·王尔德在都柏林三一学院的导师约翰·潘特兰德·马哈菲有次爬进一个坐满教士的房间，只裹了条虎皮纹的毯子。叶芝有时喜欢称自己为疯狂而邪恶的老家伙；这类人常常会跟一帮粗俗癫狂的农民挽起手来，共同对抗商人、教士阶层代表的色彩单一的世界。社会道统是为小店主和不列颠的小资产阶级准备的。在王尔德那里，英格兰的纨绔子弟与爱尔兰的轻浮浪子联起手来，共同抗击铅灰色的中产阶级道德。

以十七世纪臭名远扬的淫逸浪子罗切斯特为简·爱的潜在引诱者命名时，夏洛特·勃朗特想到的是上流社会恶棍这类人物。她的主人公属于撒旦式文学人物的行列，他们之所以迷人，并非与邪恶无关，而恰恰是因为那一身邪气。《简·爱》中的罗切斯特最终为一位高尚女性的爱情所拯救，可在小说《克拉丽莎》里，塞缪尔·理查逊对可鄙的拉夫雷斯便没有这般仁慈了；而且总体来说，哥特小说的高贵，不在于它散发出的诱惑感，而在于它本质上的毁灭性。像性

1　查尔斯·马图灵（Charles Maturin, 1782—1824）：爱尔兰牧师、剧作家、哥特小说家，其作品《流浪者梅莫斯》（*Melmoth the Wanderer*, 1820）被称为古典英国哥特小说的最后一部杰作。

一样，上层阶级既迷人心魄又骇人听闻。其骑士风度令人受用，骨子里的傲慢却遭人反感。

中产阶级的刻板严肃受到攻击，而风趣是这场战役的主要武器。它是随手拈来的幽默，无须刻意构思；对上流社会那些游手好闲的家伙来说，这种滑稽形式再合适不过。风趣诙谐当然有其他形式，但这一种在英国文化中尤为突出。风趣既可精致，又可粗俗，从而融合了绅士的风度与专横。它可以代表一种软暴力，即将对他人的憎恶升华为文字游戏与心机智巧。王尔德身处圈外，却胸怀大志，既热望以才华震撼圈内人，又盼着以合乎社会规范的形式发泄对他们的仇视，因此，风趣便成为最适合他的话语模式。一个人用以左右他人的，是高迈的人格力量，任何刻意为之的策略，都无法望其项背。诙谐话儿言辞巧妙，或许能反映出说话者的聪敏，而诙谐的对象却是望尘莫及。英格兰猎狐者对该运动的描述，哪个都赶不上王尔德的：不堪言的追逐不可食的。

诙谐之语虽含酸带刺，却也能以精巧的形式，为敌意之弹丸裹上糖衣。风趣作为幽默的一种，打破了正常期待，恶意地偏离预期，不过往往轻松写意，不似政治上的好斗派或冷酷无情的资产阶级，同样是做，却满腹怨毒。也许无视社会规范令贵族自鸣得意，可他并不希望社会规范哗啦啦地坍塌，因为他的特权赖以存在的基础也会随之烟消云散。风趣也许显得轻浮可笑，但其反映出的机敏头脑，却令它得到救赎，不至于一无是处，唯有贫乏。将严肃之事化为欢笑之声的过程中，风趣展示了英国绅士的沉着冷静；任什么都无法撼动他一二。他站在一个特权所赋予的距离上，无忧无虑、心静如水，将世界当作美学现象来思考，心里明白，不会有厄运光顾，也不会有生意、劳作的辛苦。俏皮话儿或许简洁精炼、灵动有力，但绝妙的诙谐却保有了某种身心松弛的慵懒。诙谐之语慢条斯理，玩着文字游戏，其所反映的，是更为寻常的一种悠闲。的确，英国贵族向来散漫，甚至连辅音都懒得发，认为这等无聊之事，应该交代给勤劳的中产阶级。因此才有了"打了，开启，垂到"[1]。

风趣带尖儿，所以有时会给比作轻剑的一刺。风趣如轻剑，因为它迅速而敏捷，匀称而流畅：剑光闪闪，耀人双眼，斜刺而至，剑走灵蛇，直指要害，继而双剑相交，铿锵而鸣，夺众人之目；此外，还因它能戳刺，会伤人。有评论者称它骨子里是个施虐狂："既刻薄又急躁，既冷漠又警觉，满怀敌意，具有很强的攻击性。"[2]击剑就似风趣的嘴仗，将优雅的姿态与高度风格化的攻击性结合起来，既敏捷灵巧，又暗含致命危险。风趣灵光一闪，便可欺身突刺，也可漫不经心挥将出去，挡开对方的羞辱。除了表达用意之外，

1　原文中，伊格尔顿认为英国贵族懒得发辅音，因而 hunting, shooting, fishing 词尾的辅音皆吞掉，发成 huntin', shootin', fishin'。此中内容，本是不可译的，只能勉强为之，把"打猎，开枪，垂钓"改动成"打了，开启，垂到"。

2　马丁·格罗特杨（Martin Grotjahn）语，引自保罗·劳特编：《喜剧理论》，第 524 页。——原注

此种滑稽也能将这位绅士的个性昭之于众，正如剑客展现其武功；又因为他无所事事，所以也展示了他寥寥几样宝贵成就中的一种。他所展现的不过是自己而已，并非什么宝贵的东西，或者努力劳作的成果。他无须努力劳作。王尔德最好的艺术品便是他自己的生活；他用米开朗琪罗塑造大卫像的执着，一丝不苟地将自己的生活雕琢成型。与之相反，俏皮话更是一种非私人性的滑稽模式，所以能像硬币那样手手相传，而某些顶级的风趣之语却深深打上了作者个人的烙印；它们常为人引用，却很少被模仿。

风趣之语显得自然而然，恰如其分，恰到好处，一经说出便引人注目，令人有本该如此之感。日后想起，真希望那话是自己说的。（法国人有个词专门表示这种遗憾：l'esprit d'escalier 或"楼梯上的风趣"，指的是出得房间才想起当时该如何以言语回击。）在《论批评》中，亚历山大·蒲柏认为风趣"反映了我们脑中的印象 / 故而一眼便认出它是真相"，说的正是"自然"这点。风趣看上去虽发于自然，事先毫无准备，其精确的分寸似乎毫不费力就引来赞誉，然而这一切表象的后面，不知花了多少心思。蒲柏认为，风趣是经艺术美妆后的自然。毫无疑问，我们最欣赏的是人为的装扮。苏珊·桑塔格依据同样的认识，为"坎普"[1]下了定义，认为它是对欢闹、艳丽、夸张、非自然的喜爱。[2]在桑塔格看来，"坎普"令格调凌驾于内容之上，反讽凌驾于悲剧之上。若说"坎普"反映出一种喜剧视野，那是因为凡它眼中的事物，都给打上了引号。它偏常而变态，善于滑稽模仿与戏剧夸张，极具个性特征。它与风趣一样，以感伤与共鸣为敌。在滑稽的等级表中，风趣的冷静与含泪的笑容分列两端，遥遥相对。

风趣是一种幽默，但在某种意义上，更是一种生活方式。风趣之人以风趣为习惯，而俏皮话儿或如珠妙语却是偶然突发，是暂离现实去度假。每个笑话都是孤立的事件，而风趣指向人的总体性情。笑话从日常存在中瞬间爆发出来，而风趣则不着痕迹地融于日常生活中。笑话往往是虚构的，因此与日常世界判然有别；而风趣之言总的来说并非如此。风趣之人或花花公子不但使语言美学化，也令生活美学化，并赋予它经典标签具有的意义与高贵气质，因而绝不会放弃任何施展的机会。对，你不可能听错：即便是要盐瓶子，他也定会用隽语提出请求。这类风趣表现了对现实的大致态度，是某人始终秉有的温和乐趣；他与世

1　在苏珊·桑塔格题为《关于"坎普"的札记》（*Notes on "Camp"*）中，Camp 总是以专有名词出现，代表着桑塔格所谓的一种特别的感受力（sensibility），尤指过分人工化、造作、不合适的行为模式，特别是同性恋中夸张的女性气质。伊格尔顿此处只用了小写的 camp。上述《札记》收于 Sontag 所著 *Against Interpretation*；"坎普"的译法取自该书中译本《反对阐释》（上海译文出版社，2003）。

2　苏珊·桑塔格：《关于"坎普"的札记》（*Notes on "Camp"*），收于《桑塔格读本》（*A Susan Sontag Reader*, Harmondsworth, 1982）。——原注

界若即若离，虽承认这世上有种种丑恶，却不愿因此搅扰内心的平静。谈到演讲术时，西塞罗认为，尖刻的短笑话有别于诙谐或讽刺故事，后者的幽默更为漫散，融在看待事物的整体方式中。

安德鲁·斯托特提出，风趣"认识到意义生产中偶然性的作用"[1]，但是总体而言，作为幽默的一种，它对偶然性或不确定性并无亲近之感。它打造得太过精美，没有为后者留出空间。莎翁剧中有一个角色，此公对风趣与简洁毫无概念，但却告诉我们简洁是风趣的灵魂[2]。之所以这么说，不仅因为精辟与简约意味着优雅，也因为绅士最怕讨人嫌，所以主动选择了言简意赅；这与小资产阶级劳神费力的喋喋不休恰成鲜明对比。我们常说风趣之"shaft（矛或箭杆）"[3]，仿佛风趣如梭镖、羽箭，朝靶子疾飞而去，分毫不差。《牛津英语词典》也将"shaft"定义为一道闪电或一道光，恰当地表达了风趣的突然性，以及它令人豁然开朗的能力。"shaft"在俚语中有性交之意，此外还表示战胜对手、将其挫败，也就是说，可以用风趣之利箭，来戳刺对方。一句风趣的话，便是一场自觉的语言表演，

1　安德鲁·斯托特（Andrew Stott）:《喜剧》（*Comedy*, London, 2005），第137页。——原注

2　此话出自《哈姆雷特》第二幕第二场，波洛涅斯说："Therefore brevity is the soul of wit, and tediousness the limbs and outward flourishes, I will be brief."朱生豪先生译为："所以，既然简洁是智慧的灵魂，冗长是肤浅的藻饰，我还是把话说得简单一些吧。"梁实秋先生的译文"简练是智慧的灵魂，烦冗便成了骈枝外饰，所以我要力求简约"。此处，为了合乎上下文的连贯，将"wit"译成"风趣"。

3　原文是"a 'shaft' of wit"。"shaft"在英文中本有"（箭、矛、高尔夫球）杆"之意，但"a shaft of wit"是"风趣的调侃"。

但它尽量节省语言这一媒介，将词语压缩到最小的空间里；它很清楚，意义哪怕只多一丁点，也许就招来致命的失败。正如诗歌一样，风趣的话里，每个语言单位都各尽其力，抑扬顿挫、节奏共鸣，都直接决定了其力度。组织得越紧凑，语义的滑动、含混，概念的移位或句法的轻微错位，就越能显出效果。风趣之言的紧凑结构，能将视角的突变或意思的反转凸现出来。说到视角突变，人们便会想到那位幽默的都柏林人肖恩·马克·瑞阿蒙，他曾称自己像爱尔兰的人口统计：按照年龄、性别、宗教来划分（被年龄、性别、宗教打垮）[1]。再说意思反转，马克·瑞阿蒙曾经将那句老生常谈，即"每个胖子的身体里都有个瘦子想挣扎出来"，改成了"每个瘦子外面都有个胖子削尖脑袋想钻进去"。

　　无疑，正是这种凝练让人时不时感到，风趣之天资所反映的，是上帝本人才具备的无媒介直觉认知能力；他能够直截了当，省去了东拉西扯的麻烦。马修·贝维斯说，笑话一向用寥寥数语表达所欲表达之意[2]；在所有幽默类型中，此话对风趣最为贴切。简练的语言令风趣易于为人接受，因此，风趣的喜剧力量泰半源于简洁的形式。精确优雅的形式令人畅意开怀，颇具启示的内容让人茅塞顿开。与其他类型的幽默相

1　原文是"broken down by age, sex, and religion"，broken down 既是"划分"又是"击垮"。

2　马修·贝维斯：《牛津通识系列：喜剧》，第3页。——原注

比，风趣带来的愉悦更多源自语言的艺术性，这也是为什么风趣的内容不必太过滑稽，就足以令人会心莞尔。在自由与限制的博弈中，语言得以片刻撒欢，然而严格的形式约束，让它并不能忘乎所以。

蒲柏曾给风趣下过一个著名的定义：“虽为常有之思，却从未这般妥帖地表达”；然而该定义将风趣限制在能指范围内，对它欠些公平。蒲柏是坚定的新古典主义者，必定会持此立场，因为在他看来，严格来说这世上并无不曾有过的真理。创新大多出格而花哨。园林师能够彰显地势内蕴之美，风趣也可为自然增色，但却无法带来前所未有的深刻认识。它所做的，无非是用难忘的隽语唤起心中已有的认识。浪漫主义者威廉·哈兹里特认为，发明与独创均为美德，他称风趣为“敏锐的理解，创造的幸福，精神的活跃”。[1] 至于隐喻，除了认知外，也许还有顽皮的一面。说到某些复杂的笑话，也许会在顿悟的那一刻，令人突感智力的欣悦，像极了解开谜团时心中淡淡的得意。总的来说，风趣的中心元素，是诧异或启迪。乔治·桑塔耶纳在《美感》中论说到，风趣是“意想不到的正确”[2]。马修·贝维斯说：“听懂笑话后的笑声是在宣告胜利：

---

1 威廉·哈兹里特：《关于英国幽默作家的讲座》（*Lectures on the English Comic Writers*, London and New York, NY, 1963），第 26 页。——原注

2 桑塔耶纳（George Santayana）的原文是“unexpected justness makes wit, as sudden incongruity makes pleasant foolishness”，见《美感》（*The Sense of Beauty*）第 62 节。缪灵珠先生译为：“意想不到的正确构成机智，正如骤然显露的矛盾造成开心的傻话一样。”见《缪灵珠美学译文集》，第 4 卷，北京：中国人民大学出版社，1998 年，第 331 页。

认知的力量从暂时的软弱中得到拯救。"[1] 也许可以说，风趣尤其代表了头脑对物质的小胜利，即智慧充沛的创造力对难驾驭的世界的小胜利。在王尔德的《作为艺术家的批评家》中，吉尔伯特说："行动时人是玩偶，描绘时他是诗人。"行动难免有过，它盲目而愚昧，冷漠而固执，深陷于机械重复的自然所具有的偶然性之中。与之相反，艺术或风趣所代表的，是一瞬间跳出物质需求的领域，进入自由的王国。它们为日常存在的乏味提供了某种补偿；英国最古老殖民地[2]恶劣状况下的日常存在，仅是其中一例。

于是乎，风趣带来的快乐并非一句话说得清楚。令我们开心的不只是形式的艺术美感、表达的灵巧机敏、语言的简洁明快、思维的自由驰骋，同时还有反转、颠覆、惊诧，以及内容的错位、领会笑点的智力满足、风趣展示出的个性特点。除此之外，风趣背后也许还暗藏着恶意、倨傲或轻蔑，也让我们间接地获得某种宣泄。看到风趣所调侃的对象一时间甚为难堪，我们便生出残忍的快乐来。我们方才讨论的风趣的形式，明显是贵族式的；然而，不要忘了，也存在各种平民式的幽默，接下来我们将继续探讨。

---

1 马修·贝维斯：《牛津通识系列：喜剧》，第51页。——原注
2 此话指的是爱尔兰。

第五章 幽默的政治

现代世界最具矛盾性的政治现象也许是民族主义。它样式繁多，从纳粹死亡营到对帝国权力的有原则抗争。然而，纯粹就其政治含混性来看，幽默与民族主义颇为类似。若说幽默具备谴责、揭穿、改变的功能，它亦能以爆发出的欢声笑语来消解根本的社会冲突。相视而笑能令彼此放下芥蒂，正如笑时身体松弛，示意对方自己并无恶意。诺伯特·伊莱亚斯发现，"笑时人无法张嘴去咬"。[1]因此，幽默为我们提供了一幅乌托邦图景：即将降临的太平盛世。弗里德里希·尼采曾写道："也许，即便而今之世凡事皆无未来可言，我等之笑总有未来可期。"[2]不过，身体失去协调、陷入无助之时，是断难构建一个有序的社会的。在此意义上，喜剧对最高权力构不成威胁。的确，老百姓心情愉悦符合最高权力阶层的既得利益。万马齐喑的国度很可能充斥着不满情绪。然而，统治者也需要普通民众勤

1　马修·贝维斯：《牛津通识系列：喜剧》，第 77 页。——原注

2　尼采（Friedrich Nietzsche）：《超善恶：未来哲学序曲》（*Beyond Good and Evil: Prelude to a Philosophy of the Future*, New York, NY, 1966），第 150 页。——原注

劳尽责、自我约束、兢兢业业，可纵情欢笑往往不计后果，对这些要求构成了威胁。

一如艺术，幽默既能使我们与赖以生活的社会规范相疏远，使之相对化，同时也能对其巩固与加强。事实上，与之疏离即是使之强化。用陌生的眼光审视我们的日常行为，未必是为了改变它们。相反，这样做也许令人更真切地认识到日常行为的合法性。乔纳森·米勒一向秉有自由之精神，他认为幽默是心灵的自由驰骋，它动摇了日常概念范畴，撼动了其专制统治，使我们不至沦为其奴仆。至此，我们可以构想出截然不同的分类方式，重新设计我们的日常参照框架。[1] 不过，我们并无理由相信，所有这些注定会使人的头脑更为通达透彻。我们认为现有的范畴必须重构，那么依据何在？难道性别平等是一个阻碍我们的概念，令我们欲除之而后快？米勒的自由主义观念为何没招致类似的批评呢？人类学家玛丽·道格拉斯视所有笑话为颠覆者，因为它们揭露出社会意义本质上的任意性。她写道："笑话象征着拉平、消解与更新。"[2] 在其早期经典著作《洁净与危险》中，道格拉斯对污垢的论述几乎如出一辙。污垢无法分类，不得其所，标示出我们社会建构的局限性，也赋予了"脏笑话"以新

---

1 约翰·杜兰特（John Durant），乔纳森·米勒（Jonathan Miller）合编：《笑的重要性》（*Laughing Matters*, London, 1988），第 11 页。——原注

2 玛丽·道格拉斯（Mary Douglas）：《隐含义》（*Implicit Meanings*, London and New York, NY, 1999），第 160 页。——原注

的含义。然而，要给杰伊·雷诺[1]或格雷厄姆·诺顿[2]贴上颠覆者的标签也绝非易事。

苏珊·珀迪的认识刚好相反。其研究喜剧的著作颇具雄心，令人赞叹。在书中她提出如是观点：笑话僭越了权威，结果到头来却恢复了权威的地位；虽然这一论断忽视了一个事实，即并非所有权威都具有压迫性。[3]有资深持不同政见者的权威，也有其迫害者的权威；有民权运动的权威，也有专制政府的权威。诺埃尔·卡罗尔也坚称，幽默提醒我们提防社会规范，却又帮着巩固社会规范。[4]然而，实际情况却颇为扫兴：它的帮助断断续续，时有时无。无论怎样，某些社会规范辄需加强。英国社会有种不成文的规矩，在某些情况下，劳动者有权拒绝提供劳力。规范并非总是恶意胁迫的工具。将幽默视作巩固权利的手段，而且无时不在，无处不在，这一立场太过功能主义，完全忽视了幽默自身明显的矛盾。

阿莲卡·祖潘季奇写到，喜剧"所维护的，恰恰是现有秩序或情境的压迫性，这是因为它令压迫尚可承受，有效地造成了内在自由的幻觉"[5]；这一笼统的概括过于轻率了。康拉德·洛伦茨亦认同滑稽本质上的

1　杰伊·雷诺（Jay Leno, 1950—　）：美国脱口秀节目主持人。
2　格雷厄姆·诺顿（Graham Norton, 1963—　）：爱尔兰喜剧演员，脱口秀主持人。
3　苏珊·珀迪（Susan Purdie）：《喜剧：话语的掌控》（*Comedy: The Mastery of Discourse*, Hemel Hempstead, 1993）。——原注
4　诺埃尔·卡罗尔：《牛津通识系列：幽默》，第76页。——原注
5　阿莲卡·祖潘季奇：《格格而入：论喜剧》，第217页。——原注

保守性；他说："笑形成纽带却也同时划出界线。"[1] 他的意思是，幽默所造就的团结感与异于他人之感不可分割，而团结感也许会滋生出对其他人的敌对情绪。在此意义上，幽默既是纽带，又是武器。[2] 洛伦茨以辉格派的方式提出，幽默是随着历史进程而不断发展的；与古人相比，今人更为风趣；较之祖先的幽默，当代幽默总体而言更加细致微妙。他语出惊人地说，狄更斯之前能引人发笑的作品寥寥无几。他还曾断言，人是"自我调侃"的动物；此言虽不虚，但更适用于英国自由派而不是美国共和党。

若说幽默造就的团结感的确依赖排他性与敌对性而存在，那么幽默便与喜剧的普遍意义相违背，因为喜剧是以其宽容博爱来拥抱整个现实的。诺埃尔·卡罗尔相信，有"我们"的地方通常也有"他们"，但仅就弗朗西斯·哈奇森而言，此观点想来会引起异议。笑所预示的乌托邦并无固定边界。喜剧表演的观众们之所以感觉沐浴在欢乐的海洋中，并不仅仅因为他们心里嫌恶另一群男女。幽默也许代表着冲突，但也会代表社群团结；它既可以是恶意诽谤，又可以是欢声笑语；但这两面未必就属于硬币的两面。可即便如此，政治左派却常犯一个错误，试图调和乌托邦式幽默与批判性幽默。为了阐明这个及其他问题，也许是

1　康拉德·洛伦茨（Konrad Lorenz）:《论攻击性》[*On Aggression*, Abingdon, 2002（1966）]，第 284 页。——原注

2　罗伯特·R. 普洛文在《笑：一项科学探究》一书的第 1 章中也提出类似的观点。——原注

时候将注意力转向特雷弗·格里菲斯[1]的名剧《喜剧演员》。

在曼彻斯特一间学校的教室里，一群胸怀理想的业余喜剧演员正在接受已退休的著名喜剧演员艾迪·沃特斯的能力评估。这位资深人士毕生都在深入思索幽默的性质。他这帮学生里有送奶工杰德·默里、他弟弟保险经纪人费尔、开三等夜店的曼城犹太人塞米·塞缪尔斯、北爱尔兰码头工人乔治·麦克布莱恩、爱尔兰雇工麦克·康纳，以及英国铁路公司行李车司机格辛·普莱斯。六人皆为前途无望的工作所困，认定成为职业喜剧演员是唯一的出路。不久后，艾迪·沃特斯多年的死对头、伦敦娱乐业大亨伯特·查利纳会让他们试演，看谁够格成为专业演员。此人表面上有些魅力，其实是个狡黠精明、不讲道义的生意人，一心想得到表演简洁的喜剧演员，最好避开深刻的思考，给观众他们想要的，提供给他们逃离日常生活的庇护所。他告诫沃特斯的学生们："我们不是传教士，我们是笑的供应商。"在他眼里，喜剧就是卖给傻小子们的商品，那些货色不想学习，也没学习能力；喜剧演员该把货物卖个好价钱，而不是双手奉送。查利纳宣称："所有观众都是蠢蛋，不过只有蹩脚的喜剧演员才会让他们知道这点。"他坚称，观众若能引导的

1　特雷弗·格里菲斯（Trevor Griffiths, 1935—　）：英国剧作家，生于曼彻斯特，具有爱尔兰及威尔士血统。自二十世纪六十年代起，为话剧舞台、电视及电影创作了大量脍炙人口的剧作，并赢得众多奖项。其著名舞台剧《喜剧演员》自 1975 年首演后，在世界各地长盛不衰。

话，也只能朝他们想去的方向引导。

艾迪·沃特斯的幽默哲学却没有这般原始。在评估过程中，他让学生们回想自己生活中令人不安的经历，"什么事都行，任何小事，只要对你有所触动，比如令你尴尬，或是挥之不去，或者让你害怕，抑或时至今日还无法面对，好吗？"杰德·默里想起在妇产科病房那会儿，他突然心头一凛，生怕孩子有什么残疾，赶忙过去看，只见"一切正常"，才长舒了一口气。格辛·普莱斯想起，因为揍了一个骂自己是小瘪三的女老师，他被紧急送往心理医生处接受创伤治疗。其他人尴尬地保持着沉默，无法回应沃特斯的请求。令他们不安的，不仅是受邀在冷峻的同伴前展示恐惧或软弱，而且更要命的是，沃特斯要求他们把自己的故事讲得生动有趣。

在这里，幽默并非用来否定什么。它的目的不是与伤痛划清界限，而是令伤痛在整个叙述中回响，将喜剧从痛苦或焦虑、愤怒或羞辱的深渊中捞将出来，从而赋予它以经验所具有的权威性。它道出不可言说之事，这比詈骂侮辱、秽语污言要来得更为艰难；通过这种方式，它注定会使所及的创伤升华而无须对之否定，这不仅需要勇气，也需要诚实。这样的黑色幽默不但能使其他人放下矜持大胆自白，也能起到沟通的作用，表达出伙伴情谊。讲笑话的时候，沃特斯这群弟子大多将作为个体的自我搁置起来，不假思索口若悬河，而我们马上会看到，格辛·普莱斯却将个人的精神烦恼不加掩饰地宣泄出来。沃特斯所要求的，其实与这两种方式截然不同，他希望将丑恶或可怕的真相转化为艺术。喜剧精神会对这真相加以塑造，拉开它与现实的距离并超越它，却又保留了它所有可怕的力量。

直面个人的痛楚同时承认他人的弱点是一种姿态，与之相反的，是造成他人的痛苦同时耻笑他们所谓的软肋，而滑稽的诋毁恰恰能达到这种效果。真心觉得自己的挫败滑稽可笑，需要一定的自知之明与自控能力，而讥笑他人除了别的以外，不过是否认自己的焦虑而已。因此，学会直面个人的苦难，不自怜自伤，不自我放纵，便为如何对待他人的痛苦提供了借鉴。沃特斯探问道："我们真的如此惧怕他人吗？竟至于泣对自己的苦痛，而笑对他人的痛楚？"他的论断是："真的喜剧演员，是一个有勇气的人。"

观众避之不及之事，隐而不宣之情，他皆能勇敢面对。他看在眼中的，是某种真实，关于人，关于其处境，关于令其疼痛惊惧之事，关于艰难困苦，而更重要的是，关于他们心中的渴求。笑话纾解了紧张感，道出了不可言说之事；这些任何笑话都很擅长。然而，一个真正的笑话，喜剧演员的笑话，不只是纾解紧张，它必定要解放人的意志和欲望，必定要改变人的处境。

幽默于沃特斯而言，意味着风险、率真、威胁、勇气、暴露与干预。即便是虚构的，它也具备伟大艺术所具备的刺人痛处的真实性。

沃特斯的这番论说着意深远、掷地有声，恐怕他本人都没意识到。真正意义上的喜剧演员，能感受令他人疼痛惊惧之事，并为他人回避之事发声。然而，这句话同样适用于种族主义及性别歧视类幽默，因为通过为观众的种族及性焦虑代言，它们试图道出正统意义上无法言说之事。沃特斯的那番话似乎并未充分考虑到这一令人不安的可能性，不过他也似乎有所察觉，于是断言道，真正的笑话除了纾解外，更重要的是解放与改变；可见，他迫切地想区分开这种堕落的喜剧与真正具有解放性的幽默。

格辛·普莱斯想出一段打油诗，虽颇具新意，却有性别歧视之嫌，不禁令人反感。沃特斯闻听之下，骇人地诋毁道：

> 我向来不喜欢爱尔兰人，你是知道的……庞大粗笨的身躯，愚蠢的脑壳，硕大的包菜耳朵，毛发丛生的鼻孔，傻呆呆的眼睛，肥厚颤抖的手，浑身上下散发着泥腥味儿和酒臭味儿。哪里准许他们定居，他们就把堕落的种子播在哪儿。若是我说了算的话，他们就别想在这儿待。从哪儿来的，就赶他们回哪儿去，回那鸟不拉屎的烂地方。真个是土豆脑壳……
>
> 还有犹太人，没错，他们真是油腻。自己人

抱团。贪污受贿，暗箱操作，眼里只有钱，永远只谈钱。说犹太人跟说金银没啥两样。做着放债典当的勾当，还玩儿高利贷。你也许会说，他们天生对钱敏感。

再说工人。没读过什么书。见风使舵。只要能够，什么都抓到手里。把煤存放在浴缸中。[1] 吃什么都配薯条。薯条配啤酒。工会一门心思要提高工资少干活儿。罢工就是为了图安逸。简直贪得无厌。又愚蠢无边。就像小孩子，根本照顾不了自己。生起孩子就像兔子，做爱做到疯。还有家里刻薄恶毒的妇人们，不停地怂恿他们。这就是些畜生，给他们口泔水吃，夜里得拴起来。

沃特斯这番肮脏的詈骂简直就是野蛮攻击，不仅对观众，也是对他茫然无措的学生。这等语言惯于出自他们之口，而不是他的嘴里。想想就知道，如今在剧院里，此种语言是会遭到封杀的。

沃特斯大部分学生听说，掌握他们未来命运的查利纳是个偏执狂，自己旗下的艺人若说出些种族主义或性别歧视的刻薄话，便大加赞赏，于是乎，他们便不顾脸面地抛弃了老师的教诲，回过头去重操旧业，满嘴污言秽语，外加种族主义谩骂。爱尔兰雇工麦克·康纳算是个例外，他上演了一连串低级的俏皮话，

---

1 当时英国北方较为贫困的家庭或有这种做法，在加拿大也有这样的情况存在。

但相对而言无伤大雅；而塞米·塞缪尔斯却提供了优越论的一个丑恶实例：

> 且说一位西印度群岛的哥们儿，来到个建筑工地，想找份出力气的活儿。工头说省省吧，我太了解你们了。给你们一份活儿，第二天就招来一帮子老乡。这人反复央求，末了儿还是得到了工作。第二天上工时他带来个侏儒。（以手示意。）侏儒。就这么点儿高。工头又说，我怎么跟你说的，不能带朋友！这人说，这哪是我朋友嘛，明明是我的午餐。

乔治·麦克布莱恩畏畏缩缩地跟风道：

> 周四我跟媳妇儿躺床上。她就躺那儿抽烟斗，也不吱声。我凑过去说，想不想弄点啥，亲爱的？她说，当然了，我想要个六尺三寸高的非洲人，有个粗粗大大的……支票本。（对观众说。）你们想错了不是！太调皮了吧！我跟她说，是吗？你觉着他会怎样评价你那闲着的肥屁股？她说，你怎么觉得我们会说到你呢？我那老婆，说不出什么道道。一天到晚唠叨个没完，可就是说不出什么道道。

杰德·默里与费尔·默里来了一段双人表演。杰德努力遵循老师的教诲，而费尔却不安地瞧着查利纳，硬是讲了个巴基斯坦人被控强奸的笑话。两者对幽默的认识针锋相对，背道而驰，这番表演也便尴尬地以失败告终。

幽默能够改变认识，也能污蔑诽谤，但二者之间并不存在简单的对立关系。无论当今正统的观念如何看，辱骂诋毁的功能并无法一言以蔽之。这部剧接近尾声时，校工进来擦掉黑板上的污言秽语，边擦边咕哝，"这些恶心的家伙"，然而只是因为他为人正经，才对侮辱性语言如此反感。他没有意识到，脏话也能别有深意。查利纳挑了沃特斯学生中最粗俗的那个，认为他具备走红的潜质，然而沃特斯却对他说，他满脑子都是屎，就像一副大肠；话虽糙，却一点儿也没冤枉他。闻听查利纳有此偏好，格辛·普莱斯也改变了表演路数，不过并非为了获得他的首肯，而是为了给他好看。普莱斯是个复杂的混合体，既是愚人，也是讽刺家，擅长滑稽模仿、哑剧表演，同时身份变幻莫测，观点异于主流。他上得台来，脸孔厚施白粉，着装介于小丑与愣头青之间。一开始表演，便怪诞横生，令人不寒而栗。他的道具是两个人体模型，身着晚礼服，那扮相宛如略带倨傲的上中产阶级男女。对这二者，他极尽嘲弄谩骂之能事，将烟喷在那男人脸上，然后施展中国功夫一拳打去，将将击中他的脑袋，对他的女友则是百般羞辱。他将一朵花别在那女人两乳之间，在裙子上留下一点殷红的血迹。表演的最后，他用一把迷你小提琴拉响了《赤旗歌》[1]。他说，有人认为这番激烈斥责是出于妒忌，但他拒绝承认，因为这是出于仇恨。

查利纳的评论切中肯綮。他认为，其他人的滑稽表演中规中矩，既夸张又乏味，而普莱斯的先锋表演颇为异类，与他人判然有别，"乏味到了夸张的地步"。普莱斯所做的，是保留喜剧表演的伶俐语言与风格特征，同时掏空其传统内容。他与沃特斯的关系颇为微妙，混合了友谊、竞争、分歧与师徒情分。沃特斯看罢表演，情绪激动地跟他摊牌，先是承认他技巧绝伦，随即将其表演斥之为"令人惊惧"。他毫不隐讳地对他说："没有同情，没有真实。格辛，你把这些全都丢弃了。爱、关怀、挂牵，不管你叫它什么吧，全都像扔垃圾一样扔到一边。"普莱斯本人却坚称，涉及阶级制度时，爱与同情只会将令人不快的真相神秘化。若说他的表演惹人厌恶，那是因为它所表现之事令人厌恶；抱怨前者而无视后者，那叫虚伪。这种情况与"模仿的谬误"太相近似，令人不适。所谓"模仿的谬误"是指这类情况：比方说，有人声称，自己的小说就该无聊透顶，因为它描写的情景原本就无聊透顶。普莱斯这番肆无忌惮的做戏故意突出特异的风格、麻木的情感与对人性的漠视，目的是令布莱希特曾说的"盼着获得内心愉悦的渣滓们"惊魂丧魄。以普莱斯激进

---

1 《赤旗歌》(*The Red Flag*)：1889 年由爱尔兰社会主义者吉姆·康奈尔所作，借用了德国圣诞颂歌《圣诞树》的曲调。它是英国工党的准党歌，也是北爱尔兰社会民主工党和爱尔兰工党的党歌。

的眼光看，默里兄弟结束二人灾难性表演的那段甜得发腻的小曲，什么"岁月多艰难 / 他将我照看 / 有他来安慰 / 举袖拭清泪"，不过是剥削阶级蛋糕上的糖霜，是冷酷的社会秩序温情脉脉的面纱。面对沃特斯关于抛弃真实的指责，他怒气冲冲地反驳道，真实是丑陋的。还是个奋斗中的青年喜剧演员时，沃特斯对此便心知肚明，而如今，他也许忘却了那个事实：

> 没人比艾迪·沃特斯更具攻击性，人家都这么说。那是因为，当时的你依旧与造就你的一切为伍……饥饿、白喉、污秽、失业、臭虫、头虱、廉价店、经济状况审查……所有这些真实能说好看吗？真实是你发动攻击的拳头……现如今，我们依然身陷囚笼，深受剥削，遭人戳刺拉扯，奶给挤光，身体给催肥，被屠宰分割，被分而食之。我们依旧不属于自己。一切都没变。只是你忘了，就是这样。

他指责沃特斯在长达三个月的喜剧课程中，一件有趣的事都没讲过。很难相信，这个脸色阴郁、满嘴道德、内心崩溃的男人曾一度位居英国最佳喜剧演员之列。普莱斯酸溜溜地说，或许他已将仇恨忘到了脑后吧。

然而，这并非沃特斯今非昔比的原因。学生这番猛烈攻击逼得他没了退路，明摆着，这就像是桀骜不驯的儿子因父亲的失败而感到幻灭，而他不得不回到痛苦的往事中寻找什么，以证明自己。他一直鼓励学生直面不堪的过往，而此刻的他，也必须这么做。他跟普莱斯谈起自己在德国探访前纳粹集中营的情形，恰恰在目睹纳粹罪恶的那一刻，他居然勃起了。当时他便意识到，这世上再无笑话可言。西奥多·阿多诺曾宣称，奥斯维辛之后，一切诗歌都是垃圾；沃特斯的感受与之类似：参观完死亡营之后，当日晚间他参加了一场音乐会，其间听到一则打趣犹太人的笑话，从此便再也笑不出来了。他对普莱斯说："我们不能停留在仇恨的层面，那太肤浅了。光仇恨是没用的。"普莱斯对他所讥讽的制度采取居高临下的姿态，而沃特斯的性兴奋意味着，在某种意义上他是该制度的同谋，因此光停止笑还不够，必须消灭自己内心的魔鬼。

然而，若说仇恨无济于事，那么，对不公的义愤呢？如果面对仇恨与敌意，喜剧选择背过身去，又怎能指望它奋起反抗那些造就了"最终解决方案[1]"的邪恶力量呢？幽默中恰如其分的怨毒难道不是政治讽刺家军械库中不可或缺的武器吗？比如说在希特勒艰难地爬向权力巅峰的过程中，难道不是一路遭到魏玛共和国的讽刺艺术家们的冷嘲热讽吗？然而，这好战精神虽为谴责野蛮行径而存在，却又如何能不被野蛮行径所败坏呢？这正是布莱希特这位魏玛时代最杰出的文学艺术家所提出的问题；他在诗作《致后代》中写道：

1　即纳粹屠杀犹太人的总方案。

我们经历着阶级战争
国家的更迭比换鞋还勤
绝望地看到无人抗争、不公横行。

可是我们很清醒：
仇恨，即便是针对卑鄙行径
都会扭曲人的面孔。
愤怒，即便指向不公
都会令人发出嘶哑之声。
哦，我们本想让友谊之花开满大地
却无法令自己内心充满友情。

然而，若那一天来临，
人与人相善相亲，
忆起我们这代人时
请你多些宽容。

建立一个公正社会所涉及的各种价值，也许与那个社会中应该发扬光大的诸种德行背道而驰。友谊与敌意、和平与冲突、信念与怀疑，都各自相互依存。在此意义上，那些为人类解放之政治事业毕生奉献的人，其个人形象与其希望塑造的并不完全相符。即便是对不公的愤怒，也会令声音嘶哑；任何形式的仇恨都会获得属于它的致命冲力，而这冲力会使仇恨偏离原来的政治目标。

这样的话，问题就在于如何在同一喜剧模式中将友谊与敌意融合起来。在1958年出版的《文化与社会：1780—1950》的"结论"中，雷蒙德·威廉姆斯说，紧握的拳头必须是工人运动的一个符号，但"紧握"绝不是说手指不再张开，去塑造一种新型社会现实。这个问题倒没给格辛·普莱斯带来多大困扰；反正这人有可能既是持不同政见的个人主义者，也是社会主义激进分子。我们业已看到，他的观点是，如果真相并不美好，那么对它的刻画也理应如此。对此观点，沃特斯不敢苟同。在他看来，喜剧存在的目的，就是将这等极端观点曝光，并在此过程中与之达成和解，但总的做法是喜剧式的。他告诉学生："大多数的滑稽作品带给观众偏见、忧惧，以及遮蔽的视野，但最佳的作品，出类拔萃的作品……照亮了它们，令其清晰可辨，更易应对。"在自身与表现对象之间，喜剧建立起认知距离，如此这般，它对表现对象的了解，超过了表现对象对自身的了解。它必须塑造并超越素材，而不仅仅是反映素材。在此意义上，其形式与其内容有所偏差。然而，沃特斯对参观集中营时自我感受的描述令人更为清醒。真相若是可怕的，那么也许任何种类的幽默都不过是亵渎。事实上，这种看法忽视了一个事实：集中营里的某些囚犯自己就讲笑话，为的是尽量避免精神错乱。塞缪尔斯、麦克布莱恩和费尔·默里的幽默代表了第三种立场；它们之所以丑恶，恰因为对真实的背离。

普莱斯的施虐性造作与沃特斯的集中营经历颇有共通之处。从弗洛伊德的角度看，后者的性兴奋是"愉悦"，即下流享受的一个例证：目睹死亡惨景令自我获得了快感，也便从自身未来的死亡中获取了快感。爱欲与死欲形成共谋。绝对的虚无会给予人变态的兴奋感，在这种状态下，遍体鳞伤的自我不再招致伤害。人性遭到剥夺，这是集中营死难者的命运，不过这也是瞬间的解脱，再也不必焦虑，再也没有痛苦。沃特斯的负罪感令他无法意识到，对非人性的渴求才是人道的。普莱斯更是从无此类不安的思索。相反的，令他着迷的恰恰是表演中那些失去人性的东西。他跟沃特斯讲："今晚上外面冰天雪地的，正合我的心意。我觉着……心中的东西表达出来了。"从理论上讲，他的表演是优越感与宣泄的结合。他是最伟大的小丑演员格洛克[1]的信徒，对其冷峻与真实感甚为服膺，"一点不像卓别林，那人只会扭捏作态，尽是些小儿科"。包括纳粹政权在内的政治暴力，以多愁善感的理想主义粉饰自己，普莱斯怪异哑剧表演的目的，就是戳穿这一假象；但是，在做的过程中，也不得不一定程度上与政治暴力眉来眼去。他的表演在造就恐惧的同时，也在抵抗恐惧，可即便如此，它沉郁的基调表明，与布痕瓦尔德[2]一样，它充其量只能代表对死亡的经历。

1　卡尔·阿德里安·维塔赫·格罗克（Karl Adrien Wettach Grock，1880—1959）：二十世纪上半叶最伟大的小丑演员，生于瑞士伯尔尼。
2　布痕瓦尔德（Buchenwald）：恶名昭著的纳粹死亡集中营。

　　最终，沃特斯与普莱斯均无法调和真实与喜剧的关系。这是他们的宿命，塞缪尔斯、麦克布莱恩亦复如此，只是原因大不相同。真实令沃特斯的幽默哑口无言，而普莱斯的讽刺是坚硬的纯钢。在非人性的状态下，如何才能做到既诙谐又真实？旁的且不说，沃特斯将幽默看作纯是政治变革的工具，这对吗？毫无疑问，这是幽默的一个功能，但他对戏剧的理解明摆着太过工具化。幽默与他的说教无法区分；该剧似乎尴尬地意识到这个瑕疵，却并未挑明了来讲说。剧中最接近这般细致观察的，是超级模仿家普莱斯在满口大道理的老师背后滑稽地大加模仿，令人捧腹。该如何看待喜剧的乌托邦功能呢？它不只是催生乌托邦的手段，更带来友谊与欢庆，带来分享与团结所包含的纯粹无意义的欢愉，带来对和平友善时代的期盼。若说对塞缪尔斯与麦克布莱恩之流，幽默是其表达偏见的粗笨工具，那么沃特斯高屋建瓴的谆谆教诲，不也是在重复功利主义的逻辑吗？他教导周围的人："笑是我们的**手段**，而不是**目的**。倘或你要的就是惹人发笑，那么好吧，请自便，祝你好运，不过别浪费我的时间。"稍后他再次言及，"喜剧是一服药，不是五颜六色的糖果，会坏了（观众的）牙。"奇怪的是，该剧并未质疑这种清教主义观点。麦克布莱恩生性愚笨，见识亦复如此；他说："喜剧演员不就是喜剧演员不就是喜剧演员嘛。"可该剧表明这话并不在理。不过，若说"笑话就是笑话就是笑话"，有时还真没错。

尽管如此,《喜剧演员》的结局的确有些准乌托邦的意味。一个叫帕特尔先生的亚洲人逛进学校,想找找看有没有晚上的课,刚好碰到沃特斯,便主动提出讲个家乡的笑话,说的是屠宰圣牛的故事。这种类型的幽默甚合沃特斯、普莱斯二人的脾气。然而,这番讲述的朴拙与活力,是沃特斯早已失去的,而在普莱斯看来,其政治立场或许有些可疑。这间空荡荡的教室,刚刚才见证了对喜剧的诸种看法,有人看到了侮辱、偏执与刻毒,有人认为它是商品、异见与残酷的竞争,亦有人觉得它是无耻的自我推销,在为残暴涂脂抹粉,可现在,在这难能可贵的一瞬间,幽默变为跨种族友谊的媒介,因为沃特斯邀请帕特尔先生参加下一期培训。

《喜剧演员》绝佳地刻画了诸种冲突,却并不寻求解决。提供解决方案是政策制定者的事,戏剧家无此责任。然而,确有办法将旨在批评的幽默与意图创造乌托邦的幽默结合起来,它的名字就是狂欢节。若说弗朗西斯·哈奇森与斯梯尔笔下的俱乐部和咖啡屋构成了资产阶级的公共空间,等级在这里为绅士间自由平等的交流所取代;狂欢节几乎同样悬置了等级,因此在某种意义上扮演着平民的公共空间。作为一种反文化的形式,它既真实可见,又昭示理想,既立足此刻,也面向未来,代表着一个自由、共享、平等、富足的乌托邦,在那里,一切地位、规范、特权、禁忌都暂时搁置。取而代之的,是恣意挥洒的市井风格,无拘无束、率直坦诚,缩短了人与人之间的距离,令他们摆脱了体面与礼仪的束缚。诸如等级、职业、财产、年龄这般壁垒都给掀翻到一边。在这个喜庆洋溢的世界里，蠢行也成为一种智慧，为的是给节日增光添彩。真实与权威给重新塑造成狂欢节[1]的傀儡；那是一个滑稽的怪物，在集市上给欢乐的人群撕成碎片；格辛·普莱斯狂殴人体模型的时候，可远没有他们那般兴高采烈。笑声成为新的交流模式，它是实实在在的符号，代表着一套业已改变的社会关系。这里"潜藏着一个友善的世界，一个黄金时代，一种肉体真实。人回到了自身"。[2]

然而，狂欢节的话语是柄双刃剑。它所追求的，是一个自由、友好、平等的美好世界，但为了这个目的，却极尽嘲弄、讥讽、诋毁之能事。所以说，其批判与赞美之功用，究其根本，并无二致。大众的狂欢具有恣肆的破坏力，摧毁了等级制度，歪曲了神圣真理，戳穿了崇高信条，恶作剧般倒置了高尚与卑贱，但这些破坏行为无一不是为了快活与友谊之大业。我们已经看到，对于康拉德·洛伦茨，幽默既是枷锁又是武器，不过只在由敌意造就的伙伴关系上，这句话才有意义，而狂欢节的性质并非如此。这伟大的狂欢打破了一切偶像，其中暴力与友谊并行，咒骂与颂扬共存，诽谤与欢庆同在。它的一个举动，便既是褒扬也是诋毁，既是埋葬又是重生。狂欢节除却豪筵盛宴、

1　狂欢节（Mardi Gras），即所谓肥美星期二，也叫忏悔节，是大斋期的前一天。
2　巴赫金：《拉伯雷与他的世界》，第48页。对该著作的后续引用，将在引用处后的括号中予以标示。——原注

男欢女爱，亦有肆无忌惮的羞辱詈骂，这在拉伯雷笔下简直司空见惯。

拉伯雷式的咒骂取之不尽，用之不竭，想象丰富，别开生面，塞缪尔斯与麦克布莱恩的急口词不能望其项背。然而，这种语言亦兼有截然相反的两面，瞬间便会摇身一变，由诽谤成为祝贺。巴赫金曾说，狂欢话语诋毁时在颂扬，颂扬时在诋毁。它一面将人羞辱，难堪丢脸，另一面令人振作，活力重现。即便是下流至极，这笑声也保留着再生的力量。它绝不像普莱斯那样，堕入尖刻的讥讽或冷酷的嘲弄。巴赫金谈到"熟识而亲切的辱骂"（第 168 页），意思是虽说口出不逊，但却是在团结友爱、生气勃勃的大背景之下。拉伯雷式的语言特色鲜明，不但具有多层意义，而且与其客体有着异乎寻常的复杂关系。正如巴赫金所言："这样的语言将坦率的嘲讽与夸奖、贬斥与颂扬、反讽与赞美融合起来"（第 142 页）。然而，其詈骂中并无优越的成分，特别是因为在狂欢节的空间里，没有高高在上的旁观者打量着狂欢的人群。相反，至少理论上讲，整个世界都投身其中。在舞台上表演的是人性本身，而这舞台与观众席等长等宽。巴赫金论说道："笑声带有负能量的讽刺家往往将自己置于嘲讽对象之上"（第 12 页），然而在狂欢节期间，大众所嘲弄的便是自身，因为讽刺的主客体二者为一。

可见，狂欢节所做的是降格与贬损，但是，其方式却难以与肯定赞同区分开。巴赫金写道：

降格意味着关注身体靠下的层面，关注肚子与生殖器官，因而关涉到排泄、交媾、受孕、妊娠、生产等诸种活动。降格为新生儿掘开了身体的墓穴；它不仅有毁灭与否定的一面，也有再生的意义。令客体降格，并不仅仅意味着将其掷入虚无空茫之中，掷入绝对毁灭之下，而是将其抛入主管生殖的下层，在那里受精，孕育出新的生命。（第 21 页）

巴赫金称这种既贬损降格又获得结果的矛盾模式为怪诞现实主义。他写道："怪诞的实质，是呈现生活的完整性，其中包含矛盾性与双面性。否定与毁灭（旧事物的消亡）是生活的必经阶段，与肯定密不可分，也与某种新的、更美好的事物的诞生密不可分。"（第 62 页）我们应该想到，"喜剧"一词源于古代生育之神科摩斯[1]，代表着长生不老。

狂欢式喜剧是庸俗唯物主义的一种形式，它使其主体重新入土扎根，得以再次开花结果。它表达的是"拉低一切高尚、性灵、理想、抽象"（第 19 页）的事物，其唯一目的是剥掉神秘的外壳，获取真正有价值的东西。若说其对抽象唯心主义的猛烈抨击带有死亡冲动（巴赫金本人称之为"死欲"）的色彩，它亦与"生欲"纠缠一处。人们大可以由着性子野蛮地将世界

---

1 喜剧 comedy；生育之神 Comus。

夷为平地，同时笃信物质与伟大的群众永不消亡，且每次毁灭不过是新生的序曲。若说大地是坟墓，那么它亦是子宫。人类群体性的不朽，反映在个体躯体的不可侵犯性上，因为男人女人虽仪式性地遭到殴打折磨，但像卡通片里似的，他们均毫发无损。狂欢节的暴力经过虚构、虚拟、转性，变为夸张而精彩的表演，因此其好狠斗勇也带着欢快的属性。

在巴赫金看来，怪诞或狂欢的身体是未完成的、开放的，永远处于流动的过程当中。正因如此，它是对各类官方意识形态永恒而占有绝对地位的反击。此类压迫性意识形态的名字必须讳莫如深，其一就是斯大林主义。斯大林特别在意的，是身体的各个孔洞；举凡男女，皆在这类过渡位置与外部世界相接，也就在这些位置，内与外、自我与现实、自我与他者等截然的区分开始动摇：

所有这些凸起部位和孔洞有一个共同特点：在它们那里，身体与身体之间、身体与世界之间的界限被打破，随之产生了相互交流与双向定位……饮、食、排便及其他排泄行为如出汗、擤鼻涕、打喷嚏，加上交媾、妊娠、肢解、为其他身体吞噬，所有这些都在身体与外部世界的交界处上演，或在新旧身体的交界处展开。在所有这些身体事件中，生命的开端与终结紧密连接，相互交织。（第317页）

对巴赫金而言，身体与笑一样，其本身就是一种关系模式，人类肉体层面的交往与互动集中发生在这里。就是它，将个体与永恒的集体结合起来，从而间接地获得不朽。作为个体的我会死去，但作为集体的我们却将永生。这个令人愉快的承诺，成就了狂欢节大胆妄为的气氛，人人兴高采烈，觉得自己百害不侵。巴赫金进一步提出，在稍晚的欧洲历史中，个体身体将从集体身体上截下来，使其变得文明而洁净，它的孔洞被关闭，它的空间被严格划界：

> 凡是突出、隆起、孳生或分叉（即一个身体突破界限，新的身体开始形成）的部位，都被消灭、隐藏或软化。……身体隐晦的表面与"谷地"获得了根本性意义，作为封闭的个体性的边界，与其他身体及世界不相融合。（第 320 页）

因此，正是肉体的矛盾性构成了狂欢话语基本的双重性。这场纵情狂欢[1]的言语模式，混杂了赞美与毁谤，包含了对乌托邦的颂扬与批判，它牢牢地扎根于人之身体，比如同时发生的衰败与更新，比如排便与交媾。巴赫金写道："人一旦发笑或咒骂，特别是在熟悉的环境当中，言语中身体意象便随处可见。身体交媾、排便、暴饮暴食，而且男人的言谈中充斥着性

---

1 原文是"saturnalia"一词。"Saturnalia"是罗马帝国最重要的节日，是献给罗马农神"Saturn"的，在西方世界影响深远。此注参考了《大英百科全书》。

器官、肚子、屎尿、疾病、口鼻、肢解的人体。"（第319页）拿嘴来说吧，它会咬、会撕、会吞，可这么做也为身体补充了能量，它与自然构成了乌托邦式的同盟关系，将世界吸收进来。

警惕的读者或许已觉察到，巴赫金对普通大众的大肆褒扬，似乎有某种理想化的意味。狂欢节似乎是一个禁绝了悲剧的世界。的确，狂欢节有着对死亡的接受，但那只是通向新生的跳板。剧痛与折磨令人恐惧，却又无法控制，不过在那狂欢语境下，人们不会面对面与它们遭遇。在此意义上，狂欢精神与有限的几种模式一样，可以将死亡否决。这里的问题，不是《喜剧演员》中艾迪·沃特斯所面临的那样，从持久不断的疼痛中拯救价值，而是将疼痛转化为喜悦。对巴赫金所持观点的怀疑，还出于其他几个原因。首先，如今这个时代，我们没有以前那么多理由去相信我们这个物种将永存不朽。其次，也许狂欢节是虚构的叛乱，但也能作为安全阀，疏泄此等颠覆性能量。在此意义上，今日与之最为相近的是职业体育，若是将之废除，无疑会立即招来流血革命。

最后，我们也许注意到，巴赫金对中世纪教会的严厉谴责忽视了基督教教义的狂欢特点。众多注经者发现，虽然耶稣基督有时会哭，但他从来不笑；这不苟言笑的个性或许跟《传道书》中严厉的训教如出一辙："悲容好于笑颜，因为脸上的愁容会令心灵愉悦。智者的心栖于悲伤的屋宇，而愚者的心居于欢乐的房舍。"（第 7 章第 3—4 节）没错，《新约》中刻画的基督并不以令人捧腹的幽默感而见长，有的那点儿也让他感到郁闷。（不过，某些诺斯替文献认为，古雷尼人西蒙[1]顶替耶稣被钉十字架，而耶稣在天堂目睹该情形时笑了出来。）[2]然而，面对一个经典的狂欢式倒置：穷人好物抱满怀，富人空手被遣走，我们便看到耶稣天国即将降临的信号。与狂欢节的反转颠倒不同的是，前者并不会转瞬即逝，这点终将得到证明。伊妮德·威尔斯福德曾记录到，在中世纪愚人节[3]上，晚祷的时候，福音词"他打翻宝座上的王公，将卑贱者高高举起"[4]被反复颂唱，作为恶意嘲弄弥撒的序曲。[5]耶稣与其平民同志们不务正业，狂饮暴食为人诟病，无拘无束、无业无产地游走在正统社会秩序的边缘地带，一如狂欢节上那些自由的灵魂，根本不想明天的事。让耶稣做救世主是个残忍的恶作剧（对古代犹太人来说，被钉十字架的弥赛亚在道德上是伤风败俗的），他骑驴进入耶路撒冷这座罗马帝国威权的堡垒，继而为同志们所抛弃，独自面对耻辱的死亡，所受之刑是罗

1　古雷尼人西蒙（Simon of Cyrene）：据《马太福音》第 27 章第 32 节记载，"才上路，遇见一个古雷尼人，名叫西蒙，就强迫他背（耶稣的）十字架"。此处译文引自冯象先生《新约》译注本第 74 页，由牛津大学出版社于 2010 年出版。

2　盖伊·G. 斯特劳穆萨（Guy G. Stroumsa）：《牺牲的终结》（The End of Sacrifice, Chicago, IL, 2009），第 2 页。——原注

3　中世纪愚人节（Feast of Fools）：中世纪大众节日，大约每年一月一日前后举行，尤其盛行于法国。节日当天会选出假主教或教皇，会模拟嘲弄教会仪式，高级与低级官员颠倒位置。此注参考了《大英百科全书》。

4　见《新约·路加福音》第 1 章第 52 节，译文引自冯象先生《新约》译注本第 126 页。

5　伊妮德·威尔斯福德（Enid Welsford）：《愚人：一部社会文学史》（The Fool: His Social and Literary History, Gloucester, MA, 1966），第 200 页。——原注

马人专门惩处政治犯的。然而，十字架上的蠢行比哲学家的智慧更为英明。法律的威慑力被推翻了，温顺者继承了大地，崇高的事物变为人的血肉，至为神圣的真理以渔民与小农能懂的平实语言来表述，力量唯一持久的形式竟然是软弱。

狂欢式顿降居于基督教的核心：宏大的救赎问题降格为照顾病人、接济饥者的日常俗世行为。《路加福音》承诺，此刻哭泣的人们，即遭受困苦与剥夺者，终将展开笑颜；然而，这部福音书也将上述的反转再度反转过去，警告那些此时面带笑容的人们，即囊中鼓鼓、自觉满足者，将来会有哭泣的一天。深切的精神从容与愉悦被称为神的恩典，它主要表现在人的慈悲、友善与宽宏之中。在圣餐礼与狂欢节中，血与肉成为人与人之间交融与团结的媒介。然而，若说《新约》赞美的是无忧无虑的闲适生活，人如野百合一样无欲无求，将私人财产散给贫者，它同时也刻画了手挥宝剑的主角，他强行将人分为两类，一类致力于寻求正义与友谊，而另一类对这种执迷的行为不以为然。如同狂欢节，福音书将自由之喜悦与某种精神暴力与倔强结合起来。对加重饱受压迫者负荷的所谓体面的宗教人士，耶稣的诅咒即便不如拉伯雷的那样令人愉快，至少也同样令人胆寒。基督教还有黑色喜剧的成分。上帝派遣独子来拯救世人于水火，而我们是如何表达感激的呢？我们把他给杀了！这可是骇人听闻的无礼行径！

译后记

对我们这代外国文学研究者而言，特里·伊格尔顿的名字不仅是我们青春回忆不可磨灭的一部分，也始终伴随我们学术及精神成长、成熟的整个过程。在我们不断回到《文学理论导论》中温故知新时，他也孜孜不倦地探寻新的领域，推出新的作品，继续引导、丰富我们的思索。二十几年来，他笔耕不辍，陆续出版了《意识形态导论》《后现代主义的幻象》《甜蜜的暴力》《理论之后》《英国小说》《诗歌的读法》《陌生人的麻烦》《神圣的恐怖》《生命的意义》《马克思为何正确》《论邪恶》《文学事件》《文学的读法》《文化与上帝之死》《文化》《论唯物主义》《极端的牺牲》《幽默》等作品，其批评视野与创作活力，令人叹为观止！因此，后浪出版公司及中央编译出版社给我机会，翻译他的新作《幽默》，着实令我倍感荣幸。

乍一看，与上述大部分书名相比，"幽默"似乎是一个不够"高大上"的论题。在"主义""理论""上帝""文学""意义""文化"一众耀眼辞藻的光芒下，"幽默"似乎只在幽幽地发着不显眼的微光。但是，细查之下，这微光其实从人类跨入历史的一瞬间就放射出来，上照高堂华宇，下照草屋茅舍，细致入微，点亮每个存在的角落，正如伊格尔顿在书中说的，奥斯维辛里的囚徒也讲笑话，以对抗存在的苦难。也许正因为普遍，所以它反而成为想当然的存在，虽不断有人思索研究，但从来没人给它披上"主义"那面鲜亮的大旗。伊格尔顿此番出手，对"幽默"进行简明扼要的梳理，其意义不仅在于精炼地总结批评前人的研究，提出自己的观点看法，也在于借"伊格尔顿"这块金字招牌，抛砖引玉，令更多研究者与读者关注这个根本性的人类社会文化现象，深入了解前人丰富但并不广为人知的研究成果。同时，对于痴迷于各种"主义"和批评理论的研究者而言，本书也提供了一个灵活而恰当地使用理论武器剖析具体文化现象的实例，告诫他们，理论不是教条，而应服务于有血有肉有认识有情感的具体分析。至于作者是如何做到这点的，还请读者诸君展卷自览，此处就不自以为是擅作概述，以免无法传达精髓，遭人诟病。

作为译者，有必要对翻译问题做几点说明。第一，理解作为阐释的目的和翻译的起点，向来是困难丛生。经过解构与后现代洗礼的意义，已经没有了确定身份的底气。然而，译者依然追求原文语言及其背后意义的真相，虽然常常并不成功。伊格尔顿对文学典故、日常风俗常常信手拈来，稍不留神，就会产生错误的理解，怪只能怪译者才疏学浅、孤陋寡闻，错漏之处，不敢请求原谅，敬请读者诸君批评指点。第二，书中多处出现文字游戏，几乎无法翻译，只能照字面意思译出，再于脚注中加以说明；有些词包含多重意义，如"shaft"，只能将英文置于译文中，虽有碍观瞻，但为了读者理解，也是无奈之举。第三，书中涉及作品引用处，除了几处直接借用现有译本外，均为译者自译；自译的语句段落，也常常是参考了现有的一个或多个译本，有的还参考了多个英译本及德文原著；此处谨向众位译者表达衷心的感谢。

最后，感谢后浪出版公司及中央编译出版社。没有他们的信任，这本小书就不可能与我结缘；没有他们对文化事业的执着，它便不可能以现在的面貌呈现在读者面前。

出版后记

　　《幽默》(*Humour*)是由当代著名的文化评论大家特里·伊格尔顿所著,面向广大读者的雅俗共赏的小书。

　　为什么我们会笑,会发出各种各样的笑声,比如轻笑、大笑、哂笑、讥笑、嘲笑、傻笑等等?幽默有何作用?伊格尔顿聚焦于"幽默"这一根本性的人类现象,从社会文化等方面切入,带读者深入了解前人丰富但并不广为人知的研究成果,揭示了幽默的本质及所起的作用。书中不乏极富启发的观点和令人捧腹的笑话,论述妙趣横生。作者详细检视了通常关于笑的各种理论,比如宣泄论、优越论等,广泛征引了哲学、文学和历史等领域的相关论述,论述对象包括亚里士多德、阿奎那、霍布斯、弗洛伊德、巴赫金等名人,尤其关注幽默背后的心理机制与几世纪以来幽默的社会和政治含义的演化过程。

　　我国文学读者对于特里·伊格尔顿已很熟悉,从上个世纪八十年代至今,几十年来,他笔耕不辍,陆续出版了《意识形态导论》《后现代主义的幻象》《甜蜜的暴力》《理论之后》《英国小说》《诗歌的读法》《陌生人的麻烦》《神圣的恐怖》《生命的意义》《马克思为什么是对的》《论邪恶》《文学事件》《文学的读法》《文化与上帝之死》《论唯物主义》《极端的牺牲》《幽默》等作品，其批评视野与创作活力，令人叹为观止。

我们希望《幽默》这部新颖有趣的文化评论著作，能够丰富广大读者的智识生活，并带来新的启示。不足之处，欢迎批评指正。

2022 年 1 月

图书在版编目（CIP）数据

幽默 / （英）特里·伊格尔顿著；吴文权译 . -- 北京：
中央编译出版社，2022.5（2022.9 重印）
ISBN 978-7-5117-4066-3

Ⅰ . ①幽… Ⅱ . ①特… ②吴… Ⅲ . ①幽默（美学）—
社会交往 Ⅳ . ① C912.3

中国版本图书馆 CIP 数据核字 (2021) 第 234037 号

Humour © 2019 by Terry Eagleton
Originally published by Yale University Press
本中文简体版版权归属于银杏树下（北京）图书有限责任公司。

版权登记号：图字：01-2021-7286

幽默

出版统筹	后浪出版公司	
责任编辑	张　科	
特约编辑	赵　波	
责任印制	刘　慧	
出版发行	中央编译出版社	
地　　址	北京市海淀区北四环西路 69 号（100080）	
电　　话	（010）55627391（总编室）　　（010）55627319（编辑室）	
	（010）55627320（发行部）　　（010）55627377（新技术部）	
经　　销	全国新华书店	
印　　刷	北京天宇万达印刷有限公司	
开　　本	880 毫米 × 1092 毫米 1/32	
字　　数	106 千字	
印　　张	5.75	
版　　次	2022 年 5 月第 1 版	
印　　次	2022 年 9 月第 2 次印刷	
定　　价	48.00 元	

新浪微博：@ 中央编译出版社　　微　信：中央编译出版社（ID：cctphome）
淘宝书铺：中央编译出版社直销店（http://shop108367160.taobao.com）（010）55627331
本社常年法律顾问：北京市吴栾赵阎律师事务所律师　闫军　梁勤
凡有印装质量问题，本社负责调换，电话：（010）55626985